Ulrich Meier / Martin Papenheim / Willibald Steinmetz
Semantiken des Politischen

Das Politische als Kommunikation
Band 8

herausgegeben
von Willibald Steinmetz

Ulrich Meier/Martin Papenheim/
Willibald Steinmetz

Semantiken des Politischen

Vom Mittelalter bis ins 20. Jahrhundert

Wallstein Verlag

Inhaltsverzeichnis

I. Einleitung 7

II. Mittelalter 11

1. Der Verlust des Politischen im Haus Gottes 13
2. Die Wiedergewinnung des Politischen im 13. Jahrhundert 16
3. Das politische Regiment 26
4. Die Natur des Menschen und das Politische am Regiment 31
5. Die *scientia politica*: Leitwissenschaft und Regierungslehre 38

III. Frühe Neuzeit 45

1. Politik als Architektur des Staates 46
2. Autonomie und Praxeologie der Politik 53
3. Gesellschaftsvertrag und Politik 61
4. Die Politik des Individuums 63
5. Der Politikbegriff in der Frühen Neuzeit 73

IV. Moderne. 75

1. Erweiterungen des semantischen Felds 75
2. Rangstreitigkeiten: die Politik und andere Mächte . 87
3. Politik als Schicksal? Die (un)politischen Deutschen im Zeitalter der Extreme 109

V. Schluss 121

I. Einleitung

Was ist Politik? Worin besteht das Politische? Die Antworten auf diese Fragen waren und sind verschieden. Sich sorgen um das Gemeinwohl, Streben nach Machtanteil, Erkennen des günstigen Augenblicks, Unterscheiden zwischen Freund und Feind, Bereithalten der Kapazität zu kollektiv bindendem Entscheiden, Offenhalten von Möglichkeiten im Zeichen allgemeiner Kontingenzerfahrung: das sind nur einige der bekannteren Definitionsangebote. Wenn in diesem Essay von Semantiken des Politischen die Rede ist, dann geht es nicht ein weiteres Mal um eine theoretische oder normative Neubestimmung dessen, was ›Politik‹ und ›das Politische‹ an und für sich sind oder sein sollten. Unser Ziel ist ein historisches. Wir laden Sie ein zu einem kleinen Erkundungsgang in die Vielfalt der Verständnisse von ›Politik‹ vom Mittelalter bis in die jüngste Vergangenheit.

Zu wissen, in welch unterschiedlicher Weise das Politische im Laufe einer rund achthundertjährigen Geschichte definiert wurde, ist selbst schon lohnenswert genug. Unser begriffsgeschichtlicher Durchgang geschieht jedoch durchaus auch in aufklärender Absicht. Er wird uns in den Stand setzen, so hoffen wir, die zeitgenössischen Wege, das Politische zu begreifen, in ihrer Traditionsgebundenheit einerseits, in ihrem Neuerungsgehalt andererseits besser einschätzen zu können.

Als Leitfaden der historisch-semantischen Erkundung wählen wir das Politikvokabular im engeren Sinne, das heißt die von den griechischen Wörtern *polis* und *politikos* abgeleiteten Wortbildungen in den europäischen Sprachen.

Bezog sich diese Wortgruppe ursprünglich allein auf griechische Stadtgesellschaften, so veränderte sich ihr Gebrauchszusammenhang im Laufe der europäischen Geschichte immer wieder. Das Politikvokabular konnte angewendet werden auf mittelalterliche Königreiche ebenso wie Stadtkommunen, auf frühneuzeitliche Territorialstaaten ebenso wie das Heilige Römische Reich Deutscher Nation, auf moderne Nationalstaaten ebenso wie die Vereinten Nationen oder die Europäische Union. Historisch variabel waren somit sowohl die räumlich-territorialen Einheiten als auch die Art der kollektiven Verbände, die man als ›politisch‹ bezeichnete. Darüber hinaus änderten sich auch die Vorstellungen davon, was ›Politik‹ dem Wesen nach sei. Ein spezifisches Wissen, eine Kunst, eine Aktivität, eine Sphäre, ein Funktionssystem: so lauteten einschlägige Antworten auf diese Frage. Extrem breit war schließlich das Spektrum der Sachverhalte, denen eine politische Qualität zugesprochen wurde, oder der Felder, auf die sich politisches Handeln erstrecken sollte. Spätestens um die Wende vom 19. zum 20. Jahrhundert war ein Zustand erreicht, in dem man mit guten Gründen behaupten konnte, dass nahezu alles ›politisch‹ sei oder zumindest werden könne.

Anders als in der herkömmlichen Begriffs- oder Ideengeschichte üblich spüren wir dem Gebrauch des Politikvokabulars nicht ausschließlich in den Werken großer Theoretiker nach, die sich über die Grundlagen des menschlichen Zusammenlebens Gedanken gemacht haben. Wenigstens exemplarisch befassen wir uns auch mit Texten, die aus alltagspolitischen Auseinandersetzungen um das richtige Regieren und Regiertwerden in konkreten Gemeinwesen hervorgegangen sind. Diese Erweiterung ist notwendig, um die Gründe für semantischen Wandel genauer zu erfassen. Denn keineswegs immer muss es der Fall sein, dass der Bedeutungswandel von den großen Denkern angestoßen und in der Praxis nur nachvollzogen wird. Auch der umgekehrte Fall ist denkbar und findet sich in den folgenden Kapiteln durch Beispiele belegt.

Ein weiterer, vor allem für den Beginn unserer Geschichte wichtiger Fall semantischen Wandels tritt dann ein, wenn ein fremdsprachliches Wort wie *politikos* in eine andere Sprache importiert wird. Das geschah im mittelalterlichen Europa, als die *Politica* des Aristoteles durch Wilhelm von Moerbeke um 1265 zum ersten Mal vollständig ins Lateinische übersetzt wurde. Seitdem rückte das Politikvokabular, das im Latein des Mittelalters und in den Volkssprachen bis dahin kaum eine Rolle gespielt hatte, nach und nach immer mehr ins Zentrum der gelehrten Diskussion über die richtigen Formen des Zusammenlebens, bis es schließlich seit dem späten 18. Jahrhundert zu einem unverzichtbaren Grundbegriff wurde.

Mit der aus dem griechischen *polis* abgeleiteten Wortgruppe erfassen wir selbstverständlich nur einen Ausschnitt aus den Semantiken des Politischen. Man hätte auch andere Wortgruppen als Ausgangspunkte wählen können. Für das Mittelalter wären hierfür vor allem die an das lateinische *civilis* sowie den Begriff *res publica* anknüpfenden Wortbildungen in Frage gekommen. Dehnt man den Blick auf die Volkssprachen aus, müssten zahlreiche weitere Begrifflichkeiten hinzukommen, so unter anderem die jeweiligen Äquivalente für Herrschaft, Regierung, Interesse, Staat, Macht usw. Auch Metaphoriken wie diejenigen des Körpers, der Maschine oder des Netzes würden interessante Perspektiven eröffnen. Tatsache ist, dass es kaum Begriffe, Metaphern und Wortfelder gibt, die sich *nicht* auf die Organisation von Gemeinwesen oder das Handeln im öffentlichen Raum beziehen lassen. Alle diese Begriffe, Metaphern und

Wortfelder konnten und können somit zum Bestandteil von Semantiken des Politischen werden. In unserem Essay werden viele von ihnen als Nebenbegriffe, Gegenbegriffe, Bezugsgrößen oder semantische Umgebungen des Politikvokabulars auftauchen. Sie alle gleichzeitig in ihrem Bedeutungswandel zu untersuchen, ist jedoch weder möglich noch sinnvoll. Die Konzentration auf einen Strang innerhalb der weiteren Semantik des Politischen, das Politikvokabular im engeren Sinne, wird sich vielmehr in unserem Essay als besonders erkenntnisfördernd erweisen.

II. Mittelalter

Als Wilhelm von Moerbeke um das Jahr 1265 die *Politica* des Aristoteles aus dem Griechischen ins Lateinische übertrug, holte er eine über Jahrhunderte verschüttete Tradition des Nachdenkens über das Politische in das europäische Bewusstsein zurück. Der Begriff ›Politik‹ weist weit zurück auf das Athen des fünften vorchristlichen Jahrhunderts. Damals gelang zum ersten Mal die Ausbildung des Politischen als eigenständiges Funktionssystem.[1] Dieses höchst kontingente Geschehen vollzog sich in einer Zeit starker innerer Auseinandersetzungen zwischen Arm und Reich sowie existentieller äußerer Bedrohung durch das persische Großreich. Die dadurch in Gang gesetzten Basisprozesse waren die Ausdifferenzierung spezialisierter politischer Rollen einerseits und die Einbindung aller Bürger in den politischen Kosmos andererseits. Andere Funktionssysteme, wie Religion und Ökonomie, waren damals selbstverständlich ebenso von hoher gesellschaftlicher Relevanz. Als Staatskult und Staatsfinanzen blieben sie im öffentlichen Diskurs allerdings stets rückbezogen auf den Bereich des Politischen. Sie werden »in einen privaten, kaum mit einer eigenständigen Semantik thematisierbaren Bereich abgedrängt«[2]. Die zu dieser Zeit

1 Grundlegend: Christian Meier, Die Entstehung des Politischen bei den Griechen, Frankfurt/Main 1980.

2 Rudolf Stichweh, Soziologische Differenzierungstheorie als Theorie sozialen Wandels, in: Jürgen Miethke/Klaus Schreiner (Hg.), Sozialer Wandel im Mittelalter. Wahrnehmungsformen, Erklärungsmuster, Regelungsmechanismen, Sigmaringen 1994, S. 29-43, hier S. 38.

geprägten gesellschaftlichen Grundbegriffe wie Staat, Gemeinwesen, Bürger und ›staatenbildendes Lebewesen‹ – also *polis, politeia, polites, zoon politikon* – enthielten den gleichen Wortstamm und waren damit stets intuitiv auf das Gemeinwesen beziehbar.

Das Politikvokabular war auf diese Weise semantisch eindeutig konnotiert. In etwas abgemilderter Form trifft das auch für die römische Republik zu: *civis* (Bürger), *civilis* (bürgerlich), *civitas* (Staat), *homo animal civile* (Mensch). Der fein differenzierte und semantisch eindeutig auf das große Ganze fixierte Diskurs in den antiken Demokratien und Republiken entsprach einer fortgeschrittenen Ausdifferenzierung von Teilhabechancen, Führungsrollen und öffentlichen Institutionen. Folgenreich für alle spätere Entwicklung blieb schließlich noch die Juridifizierung der öffentlichen Sprache und der politischen Semantik im spätantiken Römischen Kaiserreich.[3] Im Zentrum der folgenden Abschnitte zum Mittelalter steht, wie in der Einleitung dargelegt, vor allem das aus dem Griechischen stammende Politikvokabular.

3 Volker Sellin, Art. Politik, in: Otto Brunner / Werner Conze / Reinhart Koselleck (Hg.), Geschichtliche Grundbegriffe, Bd. 4, Stuttgart 1978, S. 789-874; Christian Meier / Paul-Ludwig Weihnacht / Ernst Vollrath, Art. Politik, Politisch, das Politische, in: Joachim Ritter (Hg.), Historisches Wörterbuch der Philosophie, Bd. 7, Basel 1989, Sp. 1038-1075; Wilfried Nippel, Art. Politik, in: Gerd Ueding (Hg.), Historisches Wörterbuch der Rhetorik, Bd. 6, Tübingen 2003, Sp. 1445-1465.

1. Der Verlust des Politischen im Haus Gottes

Die von den christlichen Schriftstellern der Spätantike und des früheren Mittelalters vollzogene Transformation der überkommenen politischen Semantik geschah vor dem Hintergrund einer radikalen und bis dahin ungekannten Theologisierung des politischen Denkens. Herrschaft galt nicht mehr wie bei Aristoteles oder Cicero als natürliches Phänomen, sondern als Folge des Sündenfalls: Sei es, um die Bösen zu strafen, sei es, um die Guten zu schützen.[4] Die Welt erschien nun unhintergehbar der Sünde und der Herrschaft verfallen. Die Stadt Gottes, die *civitas Dei*, verstanden als staatliche Gemeinschaft der wahren Christen, blieb zwar auch im spätantiken Römischen Reich theologische Zielvorstellung. Im Gefolge Augustins entschwand sie aber den irdischen Blicken, ihre Mitgliedschaft sollte erst am Ende der Zeiten offenbar werden. Unter diesen Bedingungen wurde Herrschaft mehr und mehr beschrieben mit der Metapher vom ›Haus Gottes‹, der *domus Dei*.[5] Darin waren unter der Leitung der geistlichen und weltlichen Gewalten (*potestates*) verschiedene Stände (*ordines*) versammelt, die unterschiedliche Funktionen wahrnahmen. Im Haus Gottes

4 Wolfgang Stürner, Peccatum und potestas. Der Sündenfall und die Entstehung der herrscherlichen Gewalt im mittelalterlichen Staatsdenken, Sigmaringen 1987; Bernhard Töpfer, Urzustand und Sündenfall in der mittelalterlichen Gesellschafts- und Staatstheorie, Stuttgart 1999.

5 Grundlegend: Otto Gerhard Oexle, Haus und Ökonomie im früheren Mittelalter, in: Gerd Althoff / Dieter Geuenich / ders. / Joachim Wollasch (Hg.), Person und Gemeinschaft im Mittelalter. Festschrift für Karl Schmid zum 65. Geburtstag, Sigmaringen 1988, S. 101-122; Ulrich Meyer, Soziales Handeln im Zeichen des »Hauses«: Zur Ökonomik in der Spätantike und im früheren Mittelalter, Göttingen 1998.

wohnten Herren und Knechte, Freie und Unfreie. Bekannt und prägend geworden ist das um 1000 aufkommende Bild der drei Arten von Menschen (*tria genera hominum*), welche das Haus Gottes bewohnen: Da gibt es die, die arbeiten (*qui laborant*, bildlich dargestellt oft als Bauern), die kämpfen (*qui pugnant*, dargestellt meist als Kaiser, Könige und Adlige) und die beten (*qui orant*, dargestellt etwa als Gruppe von Papst, Bischöfen, Mönchen oder Klerus).[6] Dieses ideologisch als funktionale Dreiteilung verkaufte Gesellschaftsmodell markierte wie kein anderes die ständische Hierarchie von Klerus, Adel und Bauer. Gesellschaft als Gemeinschaft von Hausbewohnern unterschiedlicher Freiheitsgrade zu deuten, blieb bis weit ins 13. Jahrhundert hinein üblich und war darüber hinaus noch für Jahrhunderte wirkmächtig.

Folge der Transformation war eine markante Entpolitisierung der Semantik. Herrschaft wurde nun nicht mehr politisch als Institutionengefüge und differenzierte Teilhabe der Bürger am Gemeinwesen begriffen. Der intellektuellen Kehrtwendung entsprach durchaus eine radikal gewandelte Wirklichkeit. Der ›Staat‹ war mittlerweile verschwunden und die neuen Formen der Staatlichkeit kamen mit rudimentär entwickelten Rollendifferenzierungen und äußerst geringer Institutionalität aus.[7] Die Semantik der Hausverwaltung bot sich zur Beschreibung des Gemeinwesens geradezu an. Das färbte selbst auf den mittelalterlichen Amts-

6 Otto Gerhard Oexle, Tria genera hominum. Zur Geschichte eines Deutungsschemas der sozialen Wirklichkeit in Antike und Mittelalter, in: Lutz Fenske / Werner Rösener / Thomas Zotz (Hg.), Institutionen, Gesellschaft und Kultur im Mittelalter. Festschrift für Joseph Fleckenstein zu seinem 65. Geburtstag, Sigmaringen 1984, S. 483-500.

7 Vgl. Gerd Althoff, Die Macht der Rituale. Symbolik und Herrschaft im Mittelalter, Darmstadt 2003.

begriff ab. Theologisch konnte hier auf das Neue Testament zurückgegriffen werden. Dort definierte etwa Paulus seine apostolische Aufgabe als »Diener Christi und Verwalter (*oikonomous*) des Geheimnisses« (1 Kor 4,1). Die Weltregierung Gottes wurde von der Zeit der Kirchenväter an konsequent als *oikonomia*, als Hausverwaltung, gedacht. Darin arbeiteten die Engel als Diener und Beamte Gottes; die Päpste, Bischöfe, Kaiser und Könige waren als gute Verwalter auf Erden tätig.[8] *Gubernare, regere, administrare* wurden zu Leitbegriffen. Die lateinischen Äquivalente von *oikonomia*, also *dispositio* und vor allem *dispensatio* mit den entsprechenden Verbal- und Adverbialformen, kennzeichneten dann über mehr als ein Jahrtausend das Politikvokabular. Die Semantik des Ökonomischen (im Sinne der Hauswirtschaft) verdrängte die des Politischen.

In diesem Diskurs hatten auch die weltlichen Herrschaftsträger keine autochthone Machtbefugnis. Sie besaßen lediglich ein Vikariat der Macht. Sie waren Verwalter in einer im Haus Gottes versammelten Gesellschaft (*ecclesia, mundus*).[9] Die früh- und hochmittelalterlichen Fürstenspiegel knüpften mit ihrer Lehre vom Gottesgnadentum an diese hausverwaltungstechnisch geprägte Herrschaftssemantik an. Noch das hochmittelalterliche Konzept eines »Christ-centered kingship« (Kantorowicz) war darauf aufgebaut.[10] Unter diesen Bedingungen galt die Monarchie unstrittig als einzig legitime und als einzige gottgewollte Herrschaftsform. Die Rede von der Gesellschaft als ›Haus Gottes‹

8 Vgl. Giorgio Agamben, Herrschaft und Herrlichkeit. Zur theologischen Genealogie von Ökonomie und Regierung, Berlin 2010, Kap. 2 (Paulus) und Kap. 6 (Beamte Gottes).

9 Nach Agamben, Herrschaft, und Meyer, Ökonomik.

10 Ernst H. Kantorowicz, Die zwei Körper des Königs, München 1990, S. 64 ff.

war leicht übertragbar auf alle Formen monarchischer und fürstlicher Herrschaft. Vom ›Haus Habsburg‹ redet man noch heute, der einstmals mitgedachte semantische Bezug auf einen Leitungsanspruch in einer wie auch immer gedachten Gesamtgesellschaft ist allerdings glücklicherweise verschwunden.

2. *Die Wiedergewinnung des Politischen im 13. Jahrhundert*

Die Neuentdeckung des Politischen als eines ganz spezifischen Kommunikationsraumes gelang nachhaltig erst im 13. Jahrhundert. Im Gefolge der hochmittelalterlichen Herrschaftsverdichtung sowie der weltgeschichtlich singulären Entstehung und europaweiten Verbreitung der mittelalterlichen Kommune wurden neue Praktiken des Regierens ausgebildet. Die Rezeption des Römischen Rechts, die Renaissance des 12. Jahrhunderts mit ihrer Vorliebe für die politisch-moralischen Schriften eines Seneca oder Cicero, aber vor allem die Aneignung der praktischen Philosophie des Aristoteles stellten Modelle und Semantiken bereit, mit deren Hilfe die neuen Praktiken des Regierens adäquater erfassbar und gestaltbar waren.[11] Institutionelle Grundlagen

11 Eine Literaturauswahl zur Aristotelesrezeption zu bieten wäre, selbst wenn man sich auf Standardwerke beschränkte, anmaßend bis absurd. Philologisch kommt man nicht vorbei an Christoph Flüeler, Rezeption und Interpretation der Aristotelischen Politica im späten Mittelalter, 2 Bde., Amsterdam 1992, der auch eine grundlegende Aufsatzsammlung herausgegeben hat, die für den Einstieg gut geeignet ist: Ders. (Hg.), Politischer Aristotelismus im Mittelalter, in: Vivarium 40.1 (2002), hier bes. die Einleitung S. 1-11.

dieses neu etablierten Diskurses wurden zunächst die jungen Universitäten, dann auch die Generalstudien der Bettelorden. Zu den zentralen Aufgaben der letzteren gehörte von Anfang an die offensive Bestimmung dessen, was Mensch und Gemeinschaft in einer sich radikal verändernden Welt eigentlich waren und sein sollten. Insbesondere Dominikaner und Augustinereremiten zählen deshalb nicht ohne Grund zu den herausragenden Politiktheoretikern des Mittelalters.

Ein heute leicht übersehener Ertrag der an den Hohen Schulen der Orden und Länder institutionell angesiedelten Beschäftigung mit antiken politischen Theorien sei gleich am Anfang genannt und damit gleichsam vor die Klammer gezogen. Seit dem späten 13. Jahrhundert haben nur noch wenige der über das Gemeinwesen schreibenden Autoren daran gezweifelt, dass jede gute Verfassung, sei es Monarchie, Aristokratie oder Politie, eine Herrschaft über Freie sein sollte.[12] Wie in der Antike wurde das Phänomen Knechtschaft in den Diskurs über Ökonomie bzw. Despotie verbannt. Die Semantik des Hauses, das Herren und Knechte, Freie und Unfreie umschloss, hatte, auch wenn man weiterhin darauf zurückgriff, ihre führende Rolle unwiederbringlich verloren. Die Durchsetzung des neuen Politikvokabulars ist vor diesem Hintergrund langfristig von kaum zu überschätzender Bedeutung. Brisant und gesellschaftsrelevant wurde dieses politische Theorem darüber hinaus immer dann, wenn ein solcher Freiheitsbegriff auf der Ebene konkreter sozialer Konflikte mit der Idee jener ursprünglichen Freiheit (*pristina libertas*) aller Menschen vor dem Sündenfall verbunden wurde, von der im 13. Jahrhundert

12 Vgl. Karl Ubl / Lars Vinx, Zur Transformation der Monarchie von Aristoteles zu Ockham, in: Vivarium 40.1 (2002), S. 41-74.

einige anzunehmen begannen, dass sie durch Christi Tod auch auf Erden, also schon in dieser Welt wieder realisierbar geworden sei.[13]

Das Politische, das im 13. Jahrhundert wieder entdeckt wurde, ähnelte in vielerlei Hinsicht zwar dem, was in der Antike diskutiert wurde. Dafür sorgten schon die rezipierten antiken Texte selbst. Wichtiger aber noch sind drei gravierende Unterschiede. Zum einen erreichten die Wortbildungen um *politicum* bzw. *civile* nicht die semantische Zentralität, die ihnen in der Antike zukam. Das hat zur Folge, dass eine Begriffsgeschichte dieser Wörter und Wortfelder nicht mehr als pars pro toto für die Geschichte der politischen Ideen des Mittelalters insgesamt stehen kann. Zum anderen ist zu konstatieren: Wörter wie *politia, politicus* oder *politizare* spielten als Fachtermini, die sie weitgehend blieben (Italien ausgenommen), eine überaus bedeutende Rolle an Schnittstellen eines neuen und zukunftsträchtigen Nachdenkens über Mensch und Gemeinwesen. Ihr Gebrauch als anspruchsvolle analytische Kategorien zwang die Autoren immer wieder, grundsätzliche Überlegungen darüber anzustellen, was das Wort ›politisch‹ denn in unterschiedlichen Kontexten konkret bedeutete. Dabei ging der Weg der alten Wörter im christlich abendländischen Milieu oft völlig unvorhersehbare und neue Wege: ein Verweis auf die schöpferische Kraft der Kontingenz.

13 Vgl. Töpfer, Urzustand; und Ulrich Meier, Der falsche und der richtige Name der Freiheit. Zur Neuinterpretation eines Grundwertes der Florentiner Stadtgesellschaft (13.-16. Jahrhundert), in: Klaus Schreiner/ders. (Hg.), Stadtregiment und Bürgerfreiheit. Handlungsspielräume in deutschen und italienischen Städten des Späten Mittelalters und der Frühen Neuzeit, Göttingen 1994, S. 37-83, mit zahlreichen Beispielen.

Die problematische Übertragung von zentralen Passagen eines grundlegenden Werkes der Wissenschaftsgeschichte kann neue Semantiken und Sichtweisen generieren. Dies geschah in den Jahren um 1265 in der lateinischen Übersetzung der Aristotelischen *Politica* durch den Dominikaner Wilhelm von Moerbeke. Gleich im ersten Abschnitt geht es Aristoteles um die Unterscheidung zwischen dem, was ein Staatsmann (*politikos*), und dem, was ein König (*basilikos*) tut. Aristoteles schreibt dazu (Politik I.1; 1252a13 f.):

> »Wir sprechen von einem königlichen Mann, wenn er allein an der Spitze steht, von einem leitenden Staatsmann dagegen, wenn er nach den Bestimmungen eines entsprechenden Wissens im Wechsel regiert und sich regieren lässt (*kata meros archon kai archomenos*)«.

In der lateinischen Übersetzung von Moerbeke nun wird aus dem leitenden Staatsmann (*politikos*) unter der Hand »das Politische«: *Politicum*. Aus dem königlichen Mann wird »das Königliche«: *Regale*. Und charakterisierte Aristoteles den leitenden Staatsmann dadurch, dass er im Wechsel regiert und regiert wird, so kennzeichnet der Dominikaner jetzt das Politische (*politicum*) allgemein als ein Leiten »gemäß den Lehren der Disziplin« (*secundum sermones discipline*) und als ein »teils Herrscher und teils Untertan sein« (*secundum partem principans et subiectus*).[14]

14 Im Zusammenhang: *Quicumque quidem igitur existimant politicum et regale et yconomicum et despoticum idem, non bene dicunt […] et Politicum et Regale, quando quidem ipse preest, regale; quando autem secundum sermones discipline talis secundum partem principans et subiectus, politicum* (Moerbeke, Antiqua translatio, I.1, aus: Thomas von Aquin, Sententia libri Politicorum (Opera omnia iussu Leonis XIII, Bd. 48), Rom 1971, S. A 71). Vgl. Dolf Sternberger, Drei Wurzeln der Politik, 2 Bde., Frank-

Hier sind wir Zeuge gleich mehrerer folgenreicher Bedeutungsverschiebungen. Durch die Nichtübertragung des Wortes *politikos* ins Lateinische blieb zwar die Nähe zum ebenfalls weiterhin als Lehnwort verwendeten *politeia,* latinisiert *politia,* im Sinne von Verfassung, gewahrt. Die semantische Verwandtschaft dieser Worte zum Begriff des Bürgers aber ging verloren: Aus dem griechischen *polites* wurde lateinisch *civis* mit allen seinen Ableitungen wie *civilis* (bürgerlich) und *civilitas* (Bürgerrecht/Bürgerlichkeit). Der semantische Zusammenhang zwischen Bürger und Staat war damit zerrissen. Weiter: Der Amtswechsel, bei Aristoteles durch unterschiedliche Genera verbi eines einzigen Wortes gekennzeichnet (*archein*), wurde in der lateinischen Übersetzung wiedergegeben durch Partizipien ganz unterschiedlich konnotierter Verben: durch herrschen (*principari*) und unterworfen sein (*subiectus*). ›Fürst‹ und ›Untertan‹ klingen unüberhörbar an. Darüber hinaus wurden die unterschiedlichen Tätigkeitsbeschreibungen für König und leitenden Staatsmann zu abstrakten wissenschaftlichen Kategorien: des Politischen und eines davon zu unterscheidenden Königlichen.[15] Fast alle Neuerungen der mittelalterlichen politischen Theorie basierten auf diesen semantischen Brüchen. Obwohl die in der griechischen Sprache präsenten Bedeutungsverweise im Lateinischen häufig verdunkelt worden sind, öffneten sich auf der anderen Seite neue Interpre-

furt/Main 1978, hier Bd. 1, S. 42-57; Nicolai Rubinstein, The History of the Word ›politicus‹ in Early Modern Europe, in: Anthony Pagden (Hg.), The Languages of Political Theory in Early-Modern Europe, Cambridge 1987, S. 41-56; Ulrich Meier, Mensch und Bürger. Die Stadt im Denken spätmittelalterlicher Theologen, Philosophen und Juristen, München 1994, S. 68 f., 84 ff.

15 Das hat am schärfsten herausgearbeitet Sternberger, Wurzeln, S. 40-57.

tationsmöglichkeiten. Interpretationsmöglichkeiten, die der mittelalterlichen Wirklichkeit offensichtlich angemessener und den Zeitgenossen überaus plausibel waren. Dazu zwei wirkungsgeschichtlich kaum zu überschätzende Beispiele.

Die Dominikaner Albertus Magnus (um 1193-1280) und Thomas von Aquin (um 1225-1274) waren die ersten, die die Aristotelische *Politica* in der Übersetzung ihres Ordensbruders in eigenständigen Kommentaren, einer verbreiteten universitären Diskurs- und Publikationsform, wissenschaftlich aufbereitet haben. Beide interpretierten die eben behandelte Stelle (Politik I.1). Beide verstanden sie ganz unterschiedlich und begründeten damit unterschiedliche Traditionen. Der Lesemeister der Kölner Dominikaner Albertus Magnus, wohl der erste Kommentator der Politikübersetzung von Moerbeke überhaupt, interpretiert folgendermaßen:

> »Wenn jemand einem Gemeinwesen oder Volk aus eigener Macht (*propria potestate*) vorsteht, dann sagt man, es sei das Königliche (*dicunt esse regale*). Der König nämlich besitzt Herrschaft (*principatum*) über ein Volk aus eigener Macht. Wenn jemand aber einer Stadt vorsteht gemäß der Vernunft der Disziplin, d.h. gemäß den Gesetzen und Volksentscheiden und Statuten des Gemeinwesens (*legibus et plebiscitis et statutis communitatis*), steht er nur teilweise vor (*secundum partem*). Das bedeutet: Er steht einerseits einer einzelnen Stadt vor (*particularem civitatem*), aber er ist andererseits dem König unterworfen (*subjectus regi*), der ihn mit dieser Aufgabe betraut hat; in diesem Fall sagt man, das sei das Politische (*dicunt esse Politicum*)«.[16]

16 Albertus Magnus, Politicorum libri VIII (Opera omnia 8, hg. v. Auguste Borgnet), Paris 1891, S. 8b (I.1); zu Kontext und Rezeption dieser Interpretation vgl. Meier, Mensch und Bürger, S. 69f.

In dieser Sicht der Dinge ist der antike Staatsmann (*politikos*), der im Wechsel regiert und regiert wird und um den es Aristoteles an dieser Stelle ging, überhaupt nicht mehr erkennbar. Als Beispiel politischer Herrschaft führt uns Albertus hier einen Amtsträger vom Zuschnitt eines reichsstädtischen Stadtvogts aus dem 13. Jahrhundert vor Augen. Dieser wurde vom König eingesetzt, hatte aber gleichwohl gemäß den Statuten der Stadt zu regieren. Entscheidend für uns ist aber noch etwas anderes: Erstmals wurde hier das politische Regiment dezidiert mit der mittelalterlichen Stadt identifiziert. Albertus Magnus hatte überhaupt eine Vorliebe für die Städte seiner Zeit. Den zahlreichen Bruderschaften der Zünfte (*artificum societates* bzw. *societates populi*) widmete er in seinem Politikkommentar großen Raum. Sie werden ganz unaristotelisch als eigenständige, selbstverwaltete Ordnungen in der Stadt begriffen, als urbane Interessen-, Berufs- oder Lebensgemeinschaften auf mittlerer Ebene. Irritierend bleibt auch, dass er sie unter den Oberbegriff ›Politie‹ einordnete. Dazu schreibt er: »Politie (*politia*) meint Ordnung der Gemeinschaft (*ordo communicationis*); so viele Ordnungen der Gemeinschaften, so viele Politien gibt es«.[17] In Abhebung von diesen innerstädtischen Politien

Sie findet sich etwa im französischen Kommentar zur *Politik* von Nikolaus von Oresme (1374), wenn dieser das an Statuten gebundene politische Regiment (princey politique […] selon les coutumes et les lais du pais) den Städten zuordnet, die selbst wiederum Teile eines übergeordneten königlichen Regiments (princey royal souveraine) sind (I.1).

17 Albertus, S. 326b; vgl. Meier, Mensch und Bürger, S. 82 ff.: Innerstädtische Korporationen der Reichen werden als *oligarchiae* und die der weniger Reichen, die Zünfte, als *democratiae* beschrieben: was ›selbstverwaltet‹ und ›teilhabeberechtigt‹ konnotieren könnte.

bezeichnete Albert die übergeordnete Politie der Stadt bzw. das große Ganze konsequent mit dem Zusatz »bürgerschaftliche Gemeinschaftsform (*communicatio civilis*)«.[18]

In diese Ausführungen Alberts zu innerstädtischen Korporationen und Bruderschaften darf natürlich keine Beschreibung der (späteren) politischen Zünfte hineingelesen werden. Auch wenn die konkrete Teilhabe an exekutiven und legislativen Organen des städtischen Gemeinwesens in den Schriften des Albertus Magnus nicht eigens thematisiert wird, bedeutet die Anwendung des spezifischen Politikvokabulars auf diese Zünfte, Korporationen und Bruderschaften doch unmissverständlich, dass Albert ihnen politischen Charakter und damit in irgendeiner Weise auch Teilhaberechte zusprach. In einem anderen Kontext wurde er da sehr viel konkreter. Im Jahre 1258 hatte er federführend an der Befriedung einer Auseinandersetzung zwischen Erzbischof Konrad, dem Stadtherrn von Köln, und der Kölner Bürgerschaft mitgewirkt. Ergebnis zäher Verhandlungen war der ›Große Schied‹. Darin wurde einem von der Gemeinde gewählten Ausschuss von Schöffen, Meistern und anderen Bürgern erlaubt, alle drei Monate die Einnahmen der Kommune zu überprüfen. Manfred Groten hat kürzlich herausgearbeitet, dass Albertus wohl der maßgebliche Verfasser der Endredaktion des Großen Schieds gewesen ist. Um das zu belegen, hat er einen überzeugenden Wortgebrauchsvergleich zwischen den edierten Werken Alberts, insbesondere dessen Kommentaren zur aristotelischen *Politik* und

18 Vgl. dazu Joachim R. Söder, Hochmittelalter: Die Wiedergewinnung des Politischen, in: Christoph Horn / Ada Neschke-Hentschke (Hg.), Politischer Aristotelismus. Die Rezeption der aristotelischen Politik von der Antike bis zum 19. Jahrhundert, Stuttgart 2008, S. 53-76.

Ethik, und dem Text des Schieds vorgenommen. Sein Fazit ist, dass der Große Schied »den ersten praktischen Anwendungsfall der aristotelischen Politik im Mittelalter darstellt«.[19] Diese Schlussfolgerung mag etwas kühn sein. Sie bedürfte noch intensiver Diskussion, anregend aber ist sie allemal.

Thomas von Aquin, der übrigens als Schüler Alberts von 1248 bis 1252 auch in Köln gelebt hatte, kommentiert den genannten Abschnitt I.1 der *Politik* völlig anders als sein Lehrer. Er schreibt:

> »Wenn nämlich ein Mann schlechthin und in allen Dingen vorsteht, wird es ein königliches Regiment (*regimen regale*) genannt. Wenn aber jemand gemäß der Vernunft dieser Wissenschaft nur teilweise vorsteht, das heißt gemäß der durch die politische Disziplin (*per disciplinam politicam*) erlassenen Gesetze, dann ist es ein politisches Regiment (*regimen politicum*). Er herrscht (*principetur*) dabei zum Teil: und zwar in jenen Dingen, die in seiner Macht (*potestati*) sind. Zum Teil ist er unterworfen (*subiectus*): und zwar in jenen Dingen, in denen er dem Gesetz unterliegt«.[20]

Für Thomas war ein politisches Regiment also bereits dann gegeben, wenn jemand gemäß den rational gesatzten Normen herrscht. Albert hatte dagegen die gleiche Aristotelesstelle differenzierter und spezieller gedeutet: Politisch ist seiner Meinung nach eine Herrschaft, die an Statuten und

19 Manfred Groten, Albertus Magnus und der Große Schied (Köln 1258). Aristotelische Politik im Praxistest, Münster 2011, S. 25, zum Wortgebrauchsvergleich vgl. S. 16-20, zum Bürgerausschuss S. 23.

20 Thomas von Aquin, Sententia Politicorum, S. A 73.

Volksentscheide gebunden ist. Diese Formulierung verweist exakt auf städtische Verhältnisse, in denen die Bürgerschaft oder deren Repräsentanten legislative Funktionen innehatten. Dass Stadtregenten darüber hinaus noch dem König (oder wie im Großen Schied dem erzbischöflichen Stadtherrn) untergeben waren, belegt eindrucksvoll der Versuch des Kölner Lesemeisters, das aristotelische Konzept politischer Herrschaft einer veränderten Wirklichkeit produktiv anzupassen.

Auf dem Weg der Wörter wurde aus dem leitenden Staatsmann, griechisch *politikos*, bereits bei der Übersetzung ins Lateinische ein Abstraktum, das Politische. Albertus Magnus ordnete in seinem Kommentar das Politische dann eindeutig der Stadt zu, während sich bei Thomas das Politische als »politisches Regiment« konkretisierte. Beide Interpretationen haben Schule gemacht. Vom Amtswechsel als ein Charakteristikum des Politischen war in beiden Adaptionen keine Rede mehr. Es wurde stattdessen ein neuer Grundstein gelegt. Die Möglichkeit, zwei politische Systeme kategorial gegeneinander zu stellen, sollte im 18. Jahrhundert in dem Antagonismus von Republik und Monarchie gipfeln. Schon im Mittelalter wurde an diesem Pfad intensiv gebaut.[21]

21 Konzise Wirkungsgeschichte der beiden Interpretationen bei Roberto Lambertini, Da diffusione della ›Politica‹ e del definitione di un linguaggio politico aristotelico, in: Quaderni Storici 102 (1999), S. 677-697.

3. Das politische Regiment

Thomas von Aquin gehörte nicht nur zu den ersten Kommentatoren der Aristotelischen *Politik*. Er war darüber hinaus der erste, der in einem Fürstenspiegel systematisch auf die praktische Philosophie des Aristoteles zurückgriff. Er setzte damit Standards, hinter die im Spätmittelalter niemand mehr zurückfallen durfte.[22] Thomas starb, bevor er das Werk beenden konnte. Das übernahm sein Schüler, Tholomaeus von Lucca (1236-1327). Dieser Umstand wurde in den Jahrhunderten danach nicht bemerkt und so galt auch das Werk des Schülers lange als das des Meisters.[23] Seiner weiten Verbreitung war das sicher förderlich. In Anknüpfung an die uns bereits bekannte Stelle aus dem Anfang der lateinischen Übersetzung der *Politik*, wo das Königliche und das Politische unterschieden worden ist, nimmt Tholomaeus den Gedanken seines Lehrers auf und führt ihn zugleich im Sinne Alberts weiter. Er unterscheidet zunächst kategorial das königliche oder despotische Regiment der Päpste, Kaiser und Könige (*regimen regale vel despotico*), die arbiträr herrschen (*ad arbitrium*), vom politischen Regiment (*regimen*

22 Vgl. Wilhelm Berges, Die Fürstenspiegel des hohen und späten Mittelalters, Leipzig 1938.

23 Zu seinem Werk grundlegend James M. Blythe, Aristotle's ›Politics‹ and Ptolemy of Lucca, in: Vivarium 40.1 (2002), S. 103-136; Blythe hat zudem eine englische Übersetzung des Textes und eine Biographie des Autors vorgelegt; vgl. auch Sternberger, Wurzeln, S. 51-78; Rubinstein, History; Ulrich Meier, Burgerlich vereynung. Herrschende, beherrschte und ›mittlere‹ Bürger in Politiktheorie, chronikalischer Überlieferung und städtischen Quellen des Spätmittelalters, in: Reinhart Koselleck/Klaus Schreiner (Hg.), Bürgerschaft. Rezeption und Innovation der Begrifflichkeit vom Hohen Mittelalter bis ins 19. Jahrhundert, Stuttgart 1994, S. 43-89, hier S. 68-70.

politicum). In letzterem, einer Herrschaft mehrerer (*dominium plurium*), werden die Amtsträger durch Wahl (*via electionis*) bestimmt, sie regieren auf Zeit (*ad tempus*) und gemäß den Gesetzen (*secundum statutum*).

Wird diese politische Verfassung (*regimen politicum*) von den wenigen Tugendhaften geleitet, ist es eine Aristokratie. Herrschen aber die Vielen durch Bestellung von Ratsherren (*consules, senatores*) oder durch Einsetzung von Kontrollgremien (*tribuni*), so nennt Tholomaeus dieses Regiment »Politia«: *Politia* nämlich komme von *polis*, was schlicht »Vielheit« (*pluralitas*) oder »Stadt« (*civitas*) bedeute. Deshalb, fährt er fort, finde man diese zweite Variante des politischen Regimentes auch vornehmlich in den Städten: Im alten Athen etwa, in den Städten des zeitgenössischen Italien, aber auch in Regionen wie Frankreich oder Deutschland. Dieses Regiment werde in den Städten bevorzugt, weil die Menschen dort »von tapferem Sinn und Kühnheit des Herzens« seien und deshalb »politisch leben« (*politice vivere*) wollten. Diese Herrschaft nämlich war milde (*mitis*), angenehm (*suave*) und geprägt von gesitteter Lebensart (*quadam civilitate*). Das finde man nach Meinung des Tholomaeus von Lucca heute besonders in Italien. Aber auch in Frankreich und Deutschland lebten die Bürger »politisch« (*politice vivunt*). In einigen Dingen wären sie dort allerdings »beschränkt durch die Macht (*potentia*) des Königs oder Kaisers«.[24]

Die politische Theorie hatte mit diesen über Aristoteles hinausgehenden Gedanken einen großen Schritt nach vorn gemacht. Die Theorie des Tholomaeus hat ihre Spuren vor

24 Tholomaeus von Lucca, De regimine principum ad regem Cypri. Fortsetzung von Thomas von Aquin, De regimine principum ad regem Cypri, in: Opuscula philosophica, hg. v. Raymund M. Spiazzi, Turin 1954, S. 280-358 (ab Mitte II.4), hier S. 284 f. und 325 f.

allem in Italien hinterlassen.[25] Der Jurist Bartolus von Saxoferrato hatte den Begriff des »politischen Regiments« dann mit jener in Italien um 1350 verbreiteten Stadtverfassung identifiziert, die »wir die popolare Regierung (*regimen ad populum*) nennen«.[26] In den italienischen Stadtrepubliken fand die Rede vom ›vivere politico‹ breite Verwendung bis in die Chronistik und die Tagebücher hinein. Bezeichnet wurde damit das bürgerliche Leben in der Republik im Gegensatz zu einem Leben unter Tyrannen. Die lateinischen Wortbildungen von *politicus* wurden dabei bedeutungsgleich mit ›civile‹ gebraucht: ›vivere civile‹, ›vita civile‹ oder ›vivere libero e civile‹ (Machiavelli). Manchmal wechselten die gleichen Autoren zwischen ›civile‹ und ›politico‹. Den im 15. Jahrhundert schreibenden Bürgerhumanisten fiel es nicht schwer, im *regimen ad populum* bzw. im *status popularis* (›stato popolare‹) die Herrschaftsform ihrer freien Kommune zu sehen.[27] Das um 1340 entstandene berühmte Fresco vom »Buon Governo« im Sieneser Kommunepalast, in dem Ambrogio Lorenzetti die Idee der guten Regierung darstellte, wird in der neueren Forschung bisweilen auch als visuelle Umsetzung des ›politischen Regiments‹ im Sinne von Tholomaeus interpretiert.[28] Ich habe da meine Bedenken.

25 Zumindest ist sie hier besser erforscht. Sein Einfluss im Norden wird immer noch genauso unterschätzt wie der von Albertus.

26 Nachweis bei: Rubinstein, History, S. 45, dort weitere Beispiele.

27 Grundlegend: Hans Baron, The Crisis of the Early Italian Renaissance. Civic Humanism and Republican Liberty in an Age of Classicism and Tyranny, Princeton 1966 (1. Aufl. 1955). Die Literatur dazu ist nicht mehr überschaubar, die beste neuere Gesamtdarstellung bietet Daniel Höchli, Der Florentiner Republikanismus. Verfassungswirklichkeit und Verfassungsdenken zur Zeit der Renaissance, Bern 2005.

28 Maria Monica Donato, Testi, contesti, immagini politiche nel tardo Medioevo: esempi toscani, in: Annali dell'Istituto Storico

Der Humanismus des 15. Jahrhunderts hat die Semantik der gelehrten Sprache purifiziert, indem systematisch alle Gräzismen aus dem Politikvokabular getilgt worden sind. Strategisch zentral dabei waren die lateinischen Neuübersetzungen der Aristotelischen *Politik* und *Ethik* aus dem Griechischen durch den Florentiner Kanzler und Bürgerhumanisten Leonardo Bruni (1367-1444). Die verbliebenen Lehnwörter aus dem Griechischen wie *politia, politicus, politice* wurden allesamt durch genuin lateinische Wörter ersetzt: *Respublica* für *politia* als Verfassungsform allgemein und als die dritte gute Verfassung, *civilis* und *civile* für *politicus* und *politice*. Die Vereinheitlichung der Wörter der politiktheoretischen Sprache näherte diese der Sprache des Römischen Rechts an, das seinen Siegeszug in dieser Zeit auf ganz Europa bis in die Städte und Fürstentümer hinein auszudehnen begann. Für das aristotelisch geprägte spätmittelalterliche Politikvokabular hatte diese Purifizierung nicht nur positive Seiten:[29] Zentrale Begriffe wie ›Bürger‹, ›Politie‹, ›politisch‹ (*politicum*) unterlagen mit ihrer Romanisierung zugleich einer schleichenden Entpolitisierung. Das ist bisher wenig beachtet worden.[30]

Besondere Verbreitung erfuhr die Gegenüberstellung von königlicher und politischer Herrschaft im Norden und Westen Europas durch den Fürstenspiegel des Aegidius Romanus († 1316). Das Buch war der Bestseller der politischen

Italiano del Trento 19 (1993), S. 327 f.; kritisch dazu Ulrich Meier, Vom Mythos der Republik, in: Andrea Löther u.a. (Hg.), Mundus in imagine. Bildersprache und Lebenswelten im Mittelalter. Festgabe für Klaus Schreiner, München 1996, S. 345-387, hier S. 349, 380.

29 Zumal die Neuübersetzung mitnichten philologisch exakter war.

30 Grundlegend: Alison Brown, The Medici in Florence. The Exercise and Language of Power, Florenz 1992; vgl. auch Meier, Freiheit.

Literatur überhaupt und wurde in zehn mittelalterliche Sprachen übersetzt. Die Gegenüberstellung beider Verfassungen erhält bei dem Augustinereremiten einen eigenen Akzent, der vor allem an Thomas anknüpft. Als königliches Regiment wird hier eine Herrschaftsform verstanden, in der ein Einzelner nach seinem Willen (*ad arbitrium*) und gemäß den Gesetzen, die er selbst gemacht hat, regiert. Das politische Regiment unterscheidet sich dadurch, dass der Regent hier nicht arbiträr nach seinem Willen herrscht, sondern gemäß den Gesetzen, die die Bürger selbst erlassen haben (*quas cives instituerunt*).[31] Diese etwas allgemeinere Fassung der Lehre vom politischen Regiment konnte, wie die des Thomas, leicht monarchisch umgedeutet werden.

So arbeitete John Fortescue im 15. Jahrhundert für England heraus, dass in seinem Land die königliche Regierung nur deshalb weit stabiler war als anderswo, weil es ein Parlament gab. Darin sieht er einen genuin ›politischen‹ Zug. Er beginnt sein Werk *The Governance of England* aus den 1470er Jahren mit Verweisen auf den Fürstenspiegel von Thomas von Aquin (bzw. Tholomaeus von Lucca), besonders aber auf den von Aegidius Romanus. Anders als Frankreich, das seiner Ansicht nach geprägt war von einem rein königlichen Regiment (*regimen regale*), sah Fortescue England unter »königlichem und politischem Regiment« (*regimen regale et politicum*). Damit ist keine Mischverfassung gemeint. Vielmehr werden zwei Formen der Monarchie gegenübergestellt. Sie unterscheiden sich dadurch, dass der König im Falle der »königlichen und politischen Herrschaft« nicht, wie der französische König, nach eigenen Gesetzen

31 Aegidius Romanus, De regimine principum libri III, Rom 1556 (ND Frankfurt/Main 1968), S. 154v (II.i.14); vgl. Rubinstein, History, S. 44.

regiert, sondern allein gemäß jener Gesetze, denen das Volk zugestimmt hat: Der »kynge may not rule his peple bi other lawes than such as thai assenten unto. And therfore he mey sett vpon thaim non imposicions withowt thair owne assent«.[32] Mitsprache des Parlaments bei Gesetzgebung und Steuererhebungen waren demnach der Kern dieser Theorie vom *dominium regale et politicum*. Die staatsrechtliche Maxime des ›king in parliament‹ als Souveränitätsformel im frühneuzeitlichen England war prinzipiell grundgelegt.

4. *Die Natur des Menschen und das Politische am Regiment*

Die aristotelische Lehre vom Menschen als staatenbildendem Lebewesen (*zoon politikon*), das erst in der Polis in sein wahres Wesen gelangt, dem sich nur dort Möglichkeiten für ein ›gutes und tugendhaftes Leben‹ eröffnen, fand im Rahmen der spätmittelalterlichen Aristotelesrezeption weite Verbreitung. Damit einher ging eine beachtliche Akzentverschiebung. Der Übersetzer der *Politik*, Wilhelm von Moerbeke, gab den griechischen Terminus mit *animal civile* wieder und setzte damit Maßstäbe. Die mittelalterlichen Kommentatoren des Werkes changierten allerdings häufig in ihrem Wortgebrauch zwischen *sociale, civile* und *politicum*, manchmal bevorzugten sie eine additive Übertragung und schrieben dann etwa *animal civile et politicum* oder *animal sociale et civile*. Die Hintergründe dieser Unsicherheit wa-

32 John Fortescue, The governance of England, hg. v. Charles Plummer, Oxford 1885, S. 109 (Cap. I); vgl. dazu Wilfried Nippel, Mischverfassungstheorie und Verfassungsrealität in Antike und früher Neuzeit, Stuttgart 1980, S. 172.

ren vermutlich ihre von Adels- und Königsherrschaft geprägte Lebenswelt oder ein christliches Menschenbild, welches die Vollendung des Menschen nur schwer im Bürger zu sehen vermochte.

Und so diente der Begriff vom Menschen als sozialem Lebewesen seit der Zeit der ersten Kommentatoren immer wieder als Erklärung dafür, dass der Mensch als Mängelwesen zu betrachten ist. Dieses brauchte um des reinen Überlebens willen das Gemeinwesen, das politische Leben (*vita politica*). Nicht mehr das ›gute und tugendhafte Leben‹ war entscheidende Zieldefinition des Staates und Kern des Politischen. Als politisches Leben (*vita politica*) galt nunmehr bereits das ›auskömmliche Leben‹ (*sufficienter vivere*). Notwendig dafür waren Arbeitsteilung, Handwerke, Künste, Handel und Regierung. In dieser Interpretation bezeichnet *vivere politico* eigentlich einen defizitären Modus des Seins. Das war offenbar besser vereinbar mit der herrschenden christlichen Lehre vom Sündenfall. Semantisch betrachtet hatte es allerdings eine Entpolitisierung des aristotelischen Begriffs vom Menschen als *zoon politikon* zur Folge.[33]

Die anthropologische Vorstellung vom Menschen als einem Mängelwesen und die Ausweitung des Begriffs der *vita politica* auf vielfältige Formen menschlichen Seins erlaubte es sogar, den Terminus unabhängig von der vorherrschenden Staatsform und sogar ganz ohne Bezug auf politische

33 Die These von der gänzlichen Entpolitisierung des *animal politicum* im Mittelalter hat am pointiertesten vertreten Cary J. Nederman, Nature, Sin and the Origins of Society: The Ciceronian Tradition in Medieval Political Thought, in: Journal of the History of Ideas 49 (1988), S. 3-26. Einschränkend dazu aber Karl Ubl, Engelbert von Admont. Ein Gelehrter im Spannungsfeld von Aristotelismus und christlicher Überlieferung, München 2000, S. 165, mit weiterer Literatur.

Teilhabe zu benutzen. Der Augustinereremit Aegidius Romanus, der seinen um 1280 geschriebenen Fürstenspiegel dem späteren französischen König Philipp dem Schönen widmete, knüpfte ganz in diesem Sinne an die aristotelische Lehre vom *animal politicum* an: Über Aristoteles hinausgehend möchte er beweisen, dass die *vita politica* in einem Königreich weit besser gedeihen könne als in einem Stadtstaat (*communitas civitatis*). In einem großflächigen Königreich nämlich gebe es mehr Reichtum, Handel und Güter. Es gebe zudem weniger Aufstände und mehr militärischen Schutz als in einem Stadtstaat. Darüber hinaus würden im Königreich die Verbrecher und Übeltäter effektiver gestraft. Vor allem anderen aber werde das garantiert, was für das gute politische Leben, die *bona vita politica*, am wichtigsten sei: dass nämlich Erben ihre Erbschaft (*haereditas*) sicher bekämen und genießen könnten.[34]

›Politisches‹ Leben unter einer königlichen Herrschaft wie der in Frankreich war demnach durchaus denkbar. Gilt das auch für das Heilige Römische Reich? Ein Autor wenigstens ist dezidiert dieser Meinung und geht theoretisch noch über diesen Punkt hinaus. Der deutsche Benediktinerabt Engelbert von Admont (1250-1331) beschäftigt sich in seinem Werk *De ortu et fine Romani imperii* ausführlich mit dem, was man das Glück in der politischen Gemeinschaft nennen könne. Diese »Glückseligkeit des politischen Lebens« (*felicitas vitae politicae*) besteht seiner Meinung nach in drei Dingen: in Ruhe (*tranquillitas*), in Sicherheit (*securitas*) und in Genügsamkeit (*sufficientia*) des Gemeinwesens. Nur auf dieser Grundlage könnten ebenso innere Güter, wie Tugenden, und äußere Güter, wie Freundschaft, Reichtum und

34 Aegidius, De regimine principum, S. 279r (III.ii.8). Genau diese Stelle ist häufig, oft wörtlich, rezipiert worden.

Ehre gedeihen.[35] Zahlreiche ähnliche Beispiele ließen sich anfügen. Es handelt sich bei Aegidius und Engelbert auf jeden Fall um ziemlich unaristotelische, aber durchaus zeitgemäße Beschreibungen des Menschen als *animal civile* und der ihm eigenen Lebensform, der *vita politica*. Eine Begriffsgeschichte des Politikvokabulars fände hier reiches Material.

Auf alle drei guten Verfassungen beziehbar ist ein weiterer, sehr verbreiteter Wortgebrauch von *vita politica*. Er knüpft an den oben bereits erwähnten Gedanken an, dass eine gute Verfassung immer eine Herrschaft über Freie ist. Thomas etwa weist in seinem Fürstenspiegel darauf hin, dass solche politischen Vergesellschaftungen nur in den gemäßigten Zonen der Erde vorkämen. In kalten Regionen seien die Menschen zwar oft mutiger und in heißen Gegenden manchmal kunstfertiger. Beide Eigenschaften zugleich aber hätten allein die Menschen in Regionen mit einem gemäßigten Klima (*regio temperata*); allein dort seien die Voraussetzungen für ein »politisches Leben (*ad politicam vitam*)« gegeben; allein dort »bleiben die Menschen frei und können am ehesten politisch leben (*liberi perseverant et maxime politice vivere possunt*)«.[36]

Gerade bei dieser für mittelalterliche Autoren heiklen Frage nach der Zugehörigkeit zum Gemeinwesen wurden Gräzismen wie *politia, politice, politicus* besonders häufig genutzt. Wenn der Ausschluss von Unfreien, Sklaven und Fremden artikuliert werden sollte, verwendete man seit Moerbekes *Politik*-Übersetzung oft auch das Verb *politizare*.

35 Engelbert von Admont, De ortu et fine Romani Imperii, in: Melchior Goldast (Hg.), Politica Imperialia, Frankfurt/Main 1614, S. 754-773, hier S. 758 (Kap. 8); vgl. Ubl, Engelbert, S. 156.

36 Thomas von Aquin, De regimine principum (2.1).

So schließt Marsilius von Padua († 1342/43) in den entscheidenden Kapiteln seines *Defensor pacis,* in denen er die »Gesamtheit der Bürger (*universitas civium*)« zum Gesetzgeber und zum Teilhaber an der »beratenden oder richterlichen Gewalt« macht, die Unfreien und die vom Land Zugezogenen von der Teilhabe aus, diese nämlich seien jederzeit zu Aufruhr bereit. Nur die Verständigen und Friedfertigen aber, die nach einem »auskömmlichen Leben (*sufficienciam vite*)« strebten, seien es, »die den Staat erhalten wollen (*volentes manere politiam*)«. Diese markante und hervorgehobene Gruppe der am Gemeinwesen partizipierenden Leute umschreibt er dann auch mit verbalen Wortbildungen: Freie Bürger, freie Untertanen werden dann schlicht zu »politisieren Wollenden (*politizare volentes*)«, frei übersetzt also zu Menschen, die ein politisches Leben führen bzw. in einer politischen Gemeinschaft leben wollen.[37]

Das Theorem des Menschen als eines ›politischen Lebewesens‹, das in der Polis die höchste Form menschlichen Seins erklomm, wurde im Mittelalter zwar überlagert durch das Modell vom Menschen als Mängelwesen. Das bedeutete nun mitnichten, dass der so definierte Mensch unabdingbar jeder etablierten Herrschaft unterworfen sein musste. Das ›auskömmliche Leben‹ hatte als Zielorientierung des Gemeinwesens zwar das antike Telos des guten und tugendhaften Lebens überformt. Aber, und das ist die eigentliche Leistung des mittelalterlichen Aristotelismus, dieses Leben wurde nun erneut als ein von den Menschen mach- und gestaltbares gedacht.

Auf dem so bezeichneten Weg ist der Franziskaner Wilhelm von Ockham (1285-1348) weiter gegangen als die

37 Marsilius von Padua, Defensor pacis (I.XIII, §2).

meisten seiner Zeitgenossen. Der Mensch ist ihm zufolge nach dem Sündenfall nicht hilf- und machtlos geworden. Vielmehr ist er von Gott mit einer im Naturrecht verankerten Kompetenz der Aneignung von Eigentum ausgestattet worden. Darüber hinaus erhielt er nach der Vertreibung aus dem Paradies die ebenfalls naturrechtlich begründete Kompetenz der Einrichtung von Herrschaft. Ockham: »Diese Zwillingsbefugnis (*duplex potetas*), sich zeitliche Güter anzueignen und Herrscher mit Gerichtsherrschaft (*rectores iurisdictionem habentes*) einzusetzen, wurde von Gott unmittelbar verliehen«.[38]

Ockham ging sogar so weit, aus dieser Doppelkompetenz nicht nur die Befugnis des Volkes abzuleiten, im Notfall (*in casu necessitatis*) einen Herrscher abzusetzen, sondern er konstatiert darüber hinaus die grundsätzliche Befähigung der Menschen, dann auch gleich eine andere Herrschaftsform einzuführen: Er nennt das prägnant die »Macht zum Wechsel der Herrschaftsform (*potestas variandi principatus*)«.[39] Unter normalen Umständen bevorzugte Ockham allerdings die Monarchie, »denn die königliche Herrschaft (*principatus regalis*) ähnelt mehr einer natürlichen Herr-

38 Wilhelm von Ockham, Breviloquium de principatu tyrannico, in: H.S. Offler (Hg.), Opera politica, Bd. IV, Oxford 1997, S. 79-260, hier S. 180 f. (III.8); vgl. Jürgen Miethke, Dominium, ius und lex in der politischen Philosophie Wilhelms von Ockham, in: Alexander Fidora / Matthias Lutz-Bachmann / Andreas Wagner (Hg.), Lex und Ius. Beiträge zur Begründung des Rechts in der Philosophie des Mittelalters und der Frühen Neuzeit, Stuttgart/Bad Cannstatt 2010, S. 257.

39 Wilhelm von Ockham, Dialogus, in: Melchior H. Goldast (Hg.), Monarchia Sacri Romani Imperii, Bd. II, Frankfurt/Main 1614 (ND Graz 1969), S. 394-957, hier S. 806 f. (III.I.ii.20).

schaft als eine aristokratische oder politische Herrschaft (*principatus aristocraticus vel politicus*)«.[40]

Eine Verfassungsänderung war, und das ist hier das Entscheidende, auf jeden Fall möglich. Ja, sie konnte sogar dringend geboten sein. Denn die Idee von der naturrechtlichen Machtbefugnis des Menschen zum Herrschaftswechsel war für Ockham vor allem in Bezug auf die Kirchenverfassung von größter Aktualität. Sollte nämlich ein Papst zum Anhänger häretischer Lehren werden, wovon er damals überzeugt war, könnte seiner Meinung nach die Gesamtkirche (*ecclesia universalis*) in der Not den Papst absetzen und vorsorglich eine andere Verfassung als die monarchische etablieren. Er präferierte dabei die aristokratische Herrschaftsform, der Verfassungswechsel könnte dabei vorübergehend oder von längerer Dauer sein.[41]

Ockham ging es also nicht mehr um die alte Frage nach der besten Verfassung überhaupt, sondern vielmehr um die Einsetzung einer Verfassung, die bestimmte Ziele erfüllte und die einzuführen der Mensch eine im Naturrecht verankerte Gewalt (*potestas*) hatte. Es verwundert nicht, dass der Verkünder einer solchen Lehre vor dem Papst nach München zum deutschen Kaiser Ludwig dem Bayern ins Exil fliehen musste. Die Lehre von der Veränderbarkeit der Kirchenverfassung sollte einer der Kernpunkte des Konziliarismus im 15. Jahrhundert sein.[42]

Die mittelalterliche Lehre, der zufolge der Mensch der Kommunikation und der arbeitsteiligen Vergesellschaftung

40 Wilhelm von Ockham, Dialogus, S. 796 (III.I.ii.9).

41 Ebd., S. 807 f. (III.I.ii.20).

42 Das aristotelisch geprägte Politikvokabular hat den Diskurs der Konziliaristen fundamental geprägt, vgl. Antony Black, Council and Commune. The Conciliar Movement and the Fifteenth-Century Heritage, London 1979.

mit anderen Menschen bedarf, um mindestens auskömmlich überleben zu können, sowie die darüber hinausgehende Überzeugung, dass die konkrete Form dieses Zusammenlebens von Menschen gemacht werden und vom Konsens aller getragen sein muss, klingt heute wieder moderner als noch vor einigen Jahrzehnten. ›Good government‹ und Demokratie sollten idealerweise zusammenfallen, müssen das aber nicht. Das Mittelalter jedenfalls kannte auch die Idee eines ›politisch‹ genannten, weitgehend selbstbestimmten und auskömmlichen Lebens freier Menschen in einer Monarchie. Ein solches politisches Leben dürfte für viele auch gegenwärtig noch ein erstrebenswertes Ziel sein, unter welcher Herrschaftsform auch immer.

5. *Die* scientia politica*: Leitwissenschaft und Regierungslehre*

Bereits Thomas von Aquin hatte im Prolog seines Kommentars zur Aristotelischen *Politik* gesagt, dass die *scientia politica* unter allen praktischen Wissenschaften die führende sei. Diese an bereits vorher bekannte Einteilungen der Wissenschaften anknüpfende Bemerkung des Aquinaten verbreitete sich schnell. Aegidius Romanus knüpfte schon bald, noch bevor er seinen Fürstenspiegel verfasste, daran an. In einem in den 1270er Jahren geschriebenen Brief versucht dieser Augustinereremit einem dominikanischen Bettelordensbruder namens Oliverius den Unterschied zwischen Ökonomie, Ethik und Politik plastisch zu erläutern. Die wesentliche Differenz, schreibt er, bestehe darin, dass Menschen aus drei ganz unterschiedlichen Gründen gut seien: einmal in Folge väterlicher Ermahnung, im Idealfall wegen der Liebe zum Ehrenhaften (*amore honesti*) und drittens schließlich aus Angst vor Strafe (*timore pene*). Das erste sei Gegenstand der Ökonomie, das zweite Phänomen behandele die Ethik und das dritte gehöre zur Politik (*spectat ad politicam*). Das Untersuchungsfeld der letztgenannten Wissenschaft ist also nicht der Einzelne oder die Familie, sondern das Gemeinwesen (*politia*) als Ganzes. Die Politik erforscht eine komplexe soziale Wirklichkeit, in der es immer auch unbelehrbare böse Menschen (*perversi*) gibt, die allein durch Angst vor Strafe zum Gutsein geführt werden können. Dazu wiederum, so Aegidius weiter, benötige man mit Zwangsgewalt ausgestattete Gesetze (*leges coactivam habentes potentiam*), die zu diskutieren eine der zentralen Aufgaben der Politik sei.[43] Diese Wissenschaft erweist sich damit in höchstem Maße als gesellschaftsrelevant, darin liegt ihre herausragende Stellung begründet.

Die Humanisten bauten die Stellung der Politik als Leitwissenschaft dann noch beträchtlich aus und schätzten sie höher ein als Naturwissenschaft und Jurisprudenz, manche sogar höher als Metaphysik. Im Kontext der Kommune bekam diese Lehre ihre eminent praktische Bedeutung. Der Notar, Schriftsteller und Florentiner Kanzler Brunetto Latini (um 1220-1294) setzte das als erster in seinem *Livres dou Tresor* betitelten Hauptwerk literarisch um. Er schrieb das Buch in den 1260er Jahren im französischen Exil in der dortigen Landessprache. Eine italienische Übersetzung, der *Tesoro*, ließ nicht lange auf sich warten.

Die Absicht dieser neuen Art von Enzyklopädie war, den Podestà, also den auf Zeit gewählten höchsten Amtsträger

43 Aegidus Romanus, De differentia rhetoricae, ethicae et politicae, in: Gerardo Bruni, The »De Differentia Rhetoricae, Ethicae et Politicae« of Aegidius Romanus, in: The New Scholasticism 6, 1932, S. 1-18 (Edition S. 5-12), hier S. 9.

einer freien Kommune, mit dem nötigen Wissen und den gängigen Praktiken des Regierungshandelns vertraut zu machen. Wie schon die Podestà-Spiegel in der ersten Hälfte des Jahrhunderts griff Latini dabei vor allem auf Römisches Recht und antike Autoren wie Cicero oder Seneca zurück. Neu an seinem Konzept war nun, dass er das Ganze systematisch und im Rückgriff auf Aristoteles als ›Politik‹ definierte. Den entscheidenden Teil des dritten Buches beginnt Latini mit der Vorbemerkung, dass er bisher lediglich über Natur und Geschichte, über Tugenden und Redekunst gehandelt habe. Jetzt, im letzten und wichtigsten Teil, komme er endlich zur Bestimmung von »Politik« (französisch: »politique« / italienisch: »politica«). Diese sei

> »bei der Regierung der Gemeinwesen (des governemens des cités / nel governamento della città) die edelste und höchste Wissenschaft (science / scienza) und die edelste Aufgabe auf Erden, gemäß dem, was Aristoteles in seinem Buch ausgeführt hat«.[44]

Mit *scientia politica* war ein neues Etikett gefunden, von dem künftig ausgiebig Gebrauch gemacht werden sollte. In den zahlreich überlieferten Büchern für den Podestà oder andere städtische Amtsträger ist dann allerdings häufig weniger von Aristoteles die Rede, sondern es geht ganz im Sinne der alten Notarskunst, der *ars dictaminis,* um eine

44 Brunetto Latini, Li livres dou Tresor, hg. v. Francis J. Carmody, Berkeley 1948, hier III, 73.1, S. 391; italienische Ausgabe: Brunetto Latini, Il Tesoro volgarizzato da Bono Giamboni, hg. v. Luigi Gaiter, 4 Bde., Bologna 1878-1883, hier Bd. IV, 9.1, S. 278; vgl. Christel Meier, Cosmos Politicus. Der Funktionswandel der Enzyklopädie bei Bunetto Latini, in: Frühmittelalterliche Studien 22 (1986), S. 315-356, mit umfangreichen Quellenbelegen auch zur Wirkungsgeschichte.

systematische Anleitung für alle möglichen konkreten Probleme in der Stadt.[45] Sie handeln ausführlich von Wahl-, Verwaltungs- oder Abstimmungsverfahren, von Gericht und Verwaltung, sie bieten Musterreden zu Anlässen wie Aufruhr, Krieg oder dem Tod eines wichtigen Bürgers. Brunetto Latini etwa erörtert lang und breit die machiavellistisch anmutende Frage, ob es denn besser sei, von den Bürgern geliebt als gefürchtet zu werden. Viele meinten schließlich, dass Bürger sich unter harten und grausamen Stadtregenten mehr fürchteten, dass sie deshalb weniger Straftaten begingen und die Stadt so in besserem Frieden lebte.[46] Nach seitenlangen Erwägungen kommt Brunetto aber zu einem anderen Schluss: Die Liebe der Bürger sei der beste Schutz der Regenten und die Stadtoberen könnten sich diese Liebe vor allem durch Milde und Frömmigkeit verdienen.

Die Florentiner haben ihren Kanzler nicht vergessen. Der Jenseitswanderer Dante trifft in der *Divina Commedia* den der Homosexualität bezichtigten, zugleich hochverehrten Lehrer in einer emotionsgeladenen Szene in der Hölle wieder. Darin erinnert dieser tapfere Bewohner des Inferno seinen Schüler eindringlich an sein Hauptwerk, den *Tesoro*: »In diesem lebe ich weiter / und mehr verlange ich nicht (nel quale io vivo ancora / e più non cheggio)«.[47] Selbst noch nach mehr als einem halben Jahrhundert spricht der Florentiner Giovanni Villani († 1348) in seiner *Cronica* voller Hochachtung von diesem Kanzler, nennt ihn »gran filosafo«

45 Vgl. Quentin Skinner, Ambrogio Lorenzetti, The Artist as Political Philosopher, in: Proceedings of the British Academy 72 (1986), S. 1-56; Meier, Mythos, S. 347 ff.

46 Vgl. Brunetto Latini, Tresor IV, 9.25, S. 356 (das Thema wird überaus ausführlich behandelt: S. 320-359!).

47 Dante, Divina Commedia, Inf. XV, V 119 f.

oder »sommo maestro in rettorica« und zählt seine Werke der Reihe nach auf. Wichtiger für uns ist sein Fazit:

> »Wir haben seiner Erwähnung getan, weil er Urheber (cominciatore) und Meister in der Verfeinerung der Florentiner war und sie geschickt gemacht hat in der wohlgesetzten Rede (in bene parlare) und im Wissen um das Leiten und Regieren unserer Republik gemäß der Politik (in sapere guidare e reggere la nostra repubblica secondo la Politica)«.[48]

Im *Tresor/Tesoro* des Brunetto Latini findet sich übrigens auch die erste volkssprachige Adaption der aristotelischen Verfassungsformen: »Es gibt dreierlei Arten von Herrschaften (französisch: seignouries / italienisch: principati): eine der Könige, die zweite der Guten, die dritte der gemeinen Leute (bzw. der Kommunen: communes / delle comunitadi), welche unter allen die beste ist (la trés millour / ottimo)«.[49] Dass die Herrschaft in den Kommunen als beste bezeichnet wird, verwundert bei einem städtischen Kanzler auf den ersten Blick nicht, ist aber zu der Zeit singulär. Eine solche Euphorie für die Stadt begegnete erst im Bürgerhumanismus wieder. Auch da war es ein Florentiner Kanzler, nämlich Leonardo Bruni, der das popolare Regiment seiner Stadt dem Königtum und der Aristokratie vorzog. In seiner Rede auf den im Jahre 1427 gefallenen Florentiner Feldherrn Nanni Strozzi schreibt der gerade zum Kanzler bestellte Bruni:

> »So bleibt als einzig rechte Regierungsform die popolare übrig (*ita popularis una relinquitur legitima reipublice*

48 Giovanni Villani, Nuova Cronica, edizione critica, hg. v. Giuseppe Porta, 3 Bde., Parma 1991/2, hier Bd. 2, S. 28 f. (IX.10).

49 Brunetto Latini, Tresor II, 44, S. 211 (Tesoro III, 6.44, S. 136).

gubernande forma), in der die Freiheit wirklich ist, in der die Gleichheit des Rechts allen Bürgern gleichermaßen zukommt, in der die Ausbildungen der Tugenden (*studia virtutum*) ohne Verdächtigung blühen können«.

Insbesondere auf letzteres scheint Bruni hinaus zu wollen: »Und wenn diese Gelegenheit und Befugnis, zu den Ämtern zu gelangen, einem freien Volk als Chance gewährt wird, dann ist wunderbar, wie stark das die Talente der Bürger fördert«.[50] Ein solches Lob hatte die popolare Stadtverfassung (*popularis forma rei publice gubernande*), der in Deutschland etwa die zunftverfasste Stadt entsprach, nie vorher bekommen; ein solches Lob sollte auch vor dem Zeitalter der Demokratien nicht mehr gehört werden.

Doch zurück zum Markenzeichen: Mit dem Etikett ›Politik‹ als edelster Wissenschaft konnten soziale Ansprüche markiert werden. Schreiber von Podestà- und späteren Stadtspiegeln nutzten das fortan ausgiebig.[51] Bis in die Neuzeit hinein versuchten sie auf diese Weise und in Konkurrenz zu den Juristen als Berater von Stadtregierungen, An-

50 Leonardo Bruni, Oratio funebris, in: Susanne Daub, Leonardo Brunis Rede auf Nanni Strozzi. Einleitung, Edition und Kommentar, Stuttgart 1996, S. 281-302, hier S. 286. Ausführlich dazu Meier, Freiheit, S. 61-66; anders Höchli, Republikanismus, S. 272 f.

51 Zur Literaturgattung vgl. für Italien etwa Enrico Artifoni, I podesta professionali e la fondazione retorica della politica communale, in: Quaderni Storici NS 63 (1986), S. 687-719; für das Deutsche Reich: Eberhard Isenmann, Ratsliteratur und städtische Ratsordnungen des späten Mittelalters und der frühen Neuzeit, in: Pierre Monnet / Otto Gerhard Oexle (Hg.), Stadt und Recht im Mittelalter, Göttingen 2003, S. 215-479; Heike Bierschwale / Jacqueline van Leeuwen, Wie man eine Stadt regieren soll. Deutsche und niederländische Stadtregimentslehren des Mittelalters, Frankfurt/Main 2005.

sehen und Amt zu erwerben.[52] Das traf zu auf Brunetto Latini, auf Leonardo Bruni, er schrieb vor seiner Einstellung eine *Laudatio Florentinae urbis*, oder schließlich auf das Buch des Speyerer Stadtarztes Johann von Soest (1448-1506) mit dem schönen Titel *Wy men wol eyn statt regyrn sol*. Das Label ›politische Wissenschaft‹, unter dem diese Bücher firmierten, sollte die Anstellungs- und Marktchancen ihrer an den Artistenfakultäten oder als Notare ausgebildeten Verfasser verbessern.

In genau dieser Tradition stand auch der berühmte *Principe* des Niccolò Machiavelli (1469-1527). Das Werk sollte eine neue Epoche im Verständnis des Politischen einleiten. Es steht dabei allerdings in vielerlei Hinsicht in der Tradition der gerade behandelten Literaturgattung. Und wenn auch das Wort ›politico‹ kein einziges Mal darin vorkommt (was im Übrigen weitgehend und von Anbeginn auf diese Literaturgattung insgesamt zutrifft), hätte der kurz zuvor aus der Florentiner Kanzlei entlassene Machiavelli doch auf die Frage, was der 1513 geschriebene *Fürst* denn eigentlich für ein Buch sei, sicher geantwortet: Es handele sich selbstredend um ein Werk der ›scienzia politica‹.

52 Der Streit zwischen Artisten (Philosophen) und Juristen um die lukrative Führungsrolle in Sachen Politikberatung prägte die ganze Vormoderne, vgl. Georg Wieland, Praktische Philosophie und Politikberatung bei Thomas von Aquin, in: Martin Kaufhold (Hg.), Politische Reflexion in der Welt des Mittelalters. Essays in Honor of Jürgen Miethke, Leiden 2004, S. 65-83; Meier, Mensch und Bürger, S. 127 ff.

III. Frühe Neuzeit

Die Semantik des Politischen in der Zeit zwischen Reformation und Französischer Revolution war geprägt von der Fortführung antiker und mittelalterlicher Traditionen, aber auch von neuen Erfahrungen. Die wichtigsten dieser neuen Erfahrungen waren: der Zerfall der religiösen Einheit und die fortschreitende Säkularisierung des Welt- und Menschenbildes, die wachsende Bedeutung der Interessen des Individuums und die Entstehung einer politischen Öffentlichkeit, die Herausbildung des modernen Staates und die Ausdehnung seines politischen Handlungsfeldes, schließlich – damit einhergehend – die Verselbständigung und Verwissenschaftlichung des politischen Diskurses. Zunächst einmal aber erwiesen sich das politische Denken und die politische Sprache als erstaunlich zählebig und zugleich flexibel genug, um die Umbrüche um 1500 zu überdauern und sich den neuen Gegebenheiten anzupassen.

Vorherrschend blieb in der gesamten Frühen Neuzeit das Verständnis von ›Politik‹ als ein Wissen oder eine Aktion, die sich auf den Staat bezog. Als »cunning dealing in state matters«, wurde »policy« exemplarisch ab 1599 in den englischen Wörterbüchern definiert, während »politics« die dazugehörige Theorie war.[53] Die in Deutschland an den Universitäten vertretene ›Politica‹ war die Wissenschaft von der

53 Richard Perceval, A Dictionary in Spanish and English, London 1599, S. 192. Ich danke Michael Kohlmus und Timo Polte für die wichtigen Hinweise zum Politikbegriff in englischen Wörterbüchern.

Lenkung des Gemeinwesens und die französische ›politique‹ Regierungswissenschaft und Staatslenkung zugleich. In der Epoche zwischen Reformation und Französischer Revolution war der Staat jedoch nie selbst Akteur, sondern immer nur Instrument des Fürsten oder – wie es seit Ende des 16. Jahrhunderts heißen konnte – des Souveräns. Friedrich der Große (1712-1786) sprach deshalb von der »politique des souverains«, die im Inneren »gouvernement« sei und im Äußeren die »sureté de l'État« gewährleiste.[54] Auch als die Vereinigung der Bürger selbst der Souverän wurde, blieb diese Zweiteilung erhalten. Rousseau (1712-1778) beispielsweise differenzierte diese in den aktiven »Souverain« und den passiven »État«.[55]

1. Politik als Architektur des Staates

Am Beginn der Epoche standen die Reformationen. Die universale Herrschaftsordnung des Kaisertums und die Einheit des Christentums – immer schon mehr Leitidee als Wirklichkeit – zerbrachen endgültig. Das politische Denken im Gefolge der Reformationen adaptierte ältere Konzepte schnell auf die neuen Gegebenheiten. Immer war es von dem Wunsch geprägt, die Wirren zu beenden und neue Stabilitäten zu erzeugen. Horst Dreitzel hat als Merkmale

54 Friedrich der Große, Testament politique (1752), in: Politische Korrespondenz, Erg. Bd.: Die politischen Testamente, hg. v. Gustav Berthold Volz, Berlin 1929, S. 27; zit. nach: Sellin, Politik, S. 835 f.

55 Jean-Jacques Rousseau, Du Contrat Social (1762), in: ders., Œuvres complètes, hg. v. Bernard Gagnebin u. Marcel Raymond, Bd. 3, Paris 1964, S. 362 (I.6.).

dieses politischen Denkens das Bedürfnis nach einer »ethischen« Politik im Sinne des Strebens nach »Einheit der praktischen Vernunft« und den Wettbewerb um die Verchristlichung des Lebens und der Gesellschaft genannt.[56] Eine solche ›Politica christiana‹ finden wir in allen Konfessionen und können sie geradezu als ein Merkmal der Konfessionalisierung (Wolfgang Reinhard, Heinz Schilling) des nachreformatorischen Zeitalters ansehen. Die Politik war eine Unterdisziplin der Moraltheologie, ihre Gattungen waren neben systematischen Traktaten vor allem Fürstenspiegel und Regimentslehren.[57] Die Politik war eine lehr- und lernbare Disziplin, eingebunden in einen universalen Sinn- und Ordnungsrahmen.

Im katholischen Diskurs wurde die Herrschaft des Fürsten vor allem in Analogie zur Herrschaft Gottes über die Welt gedeutet. Der Fürst sei Ebenbild oder Stellvertreter Gottes, der dessen Macht durch seine ›Majestas‹ sichtbar Ausdruck verleihe. Im protestantischen Denken war eher die patriarchalische Familie Vorbild der politischen Ordnung, eine sehr wirkmächtige Denkfigur, die Sir Robert Filmer (ca. 1588-1653) später in seiner *Patriarcha, or the Natural Power of Kings* gegen die Lehre vom Gesellschaftsvertrag anführte. Die Konfessionsgrenzen waren hinsichtlich der politischen Semantik jedoch nie scharf gezogen. Eine ›Politica christiana‹ vertraten auch protestantische Autoren,

56 Horst Dreitzel, Der Aristotelismus in der politischen Philosophie Deutschlands im 17. Jahrhundert, in: Eckhard Keßler/Charles H. Lohr/Walter Sparn (Hg.), Aristotelismus und Renaissance. In memoriam Charles B. Schmitt, Wiesbaden 1988, S. 163-192, hier S. 171.

57 Horst Dreitzel, Monarchiebegriffe in der Fürstengesellschaft. Semantik und Theorie der Einherrschaft in Deutschland von der Reformation bis zum Vormärz, 2 Bde., Köln 1991, Bd. 2, S. 484.

die ›väterliche Autorität‹ war auch katholischen Autoren geläufig.[58]

Durch die Reformationen war das Verhältnis von Vernunft und Gnade neu akzentuiert worden, die konfessionellen Streitigkeiten um die rechte Wahrheit ließen das Bedürfnis nach Frieden größer werden und die konkurrierenden Staaten verlangten nach neuen politischen Maximen, die den Machtkämpfen und dem Bedürfnis nach Machtkonsolidierung Rechnung trugen. Das Verhältnis von Religion, Moral und Politik war spannungsgeladen und verlangte nach neuen Lösungen. Der politische Diskurs des 16. Jahrhunderts war deshalb von einem komplexen Verhältnis der Konfessionen zur Politik bestimmt und adaptierte die Traditionen eigenständig auf die neuen Verhältnisse. Einige Beispiele müssen genügen.

Als 1530 Philipp Melanchthon (1497-1560) einen Kommentar zur *Politik* des Aristoteles herausgab, griff er auf eine Tradition zurück, die ganz und gar nicht den Auffassungen seines großen Mitreformators Martin Luther (1483-1546) entsprach. Luther nämlich hielt – wenigstens zunächst – vom Aristotelismus rein gar nichts. Der Mensch sei durch den Sündenfall korrumpiert. Das Heil des Menschen hänge allein von der göttlichen Gnade ab. Die von den Menschen gestaltete irdische Ordnung war für Luther deshalb nicht ein Ort auch nur relativer Erfüllung der menschlichen Natur, sondern lediglich eine Zwangsanstalt, um die Bösen – und davon gab es reichlich – in Schach zu halten.[59] Sie sei notwendig, weil die meisten Menschen dem Reich der Welt und nicht dem Reich Gottes angehörten, auch wenn bekanntlich die Fürsten oftmals nicht zimperlich waren und

58 Ebd., S. 478 f. u. 486 ff.

59 Vgl. Sellin, Politik, S. 807.

ihre Herrschaft häufig willkürlich und tyrannisch ausübten. Luther war also eigentlich ein nüchterner Realist und sein Politikverständnis spiegelte nach Wolfgang Reinhard die Verhältnisse im sächsischen Territorialstaat wider, in dem die Staatsgewalt sich ähnlich brutal konsolidierte wie um die gleiche Zeit in Florenz.[60]

Im Wortschatz des vehementen Antiaristotelikers und Antischolastikers Martin Luther spielte folgerichtig der Politikbegriff keine Rolle. *Politicus* taucht bei Luther nur in der farblosen Bedeutung ›weltlich‹ im Sinne der äußeren Ordnung auf und wird von *oeconomicus* und *ecclesiasticus* unterschieden.[61] Schnell aber machte sich im Luthertum die Erkenntnis breit, dass sich mit der Bergpredigt allein nicht regieren ließ. Es bedurfte einer Supplementärwissenschaft. Deshalb rehabilitierte Melanchthon im Jahr 1530 den verfemten Aristoteles in seinem Kommentar zur *Politica*. Die zweite Auflage erschien schon ein Jahr später.[62]

Der Aristotelismus war für den lutherischen Protestantismus besonders geeignet, weil die Zwei-Reiche-Lehre tendenziell einen weitgehend von der Theologie autonomen politischen Diskurs ermöglichte.[63] Der Aristotelismus zielte im Gegensatz zur ›Politica christiana‹ lediglich auf den guten Bürger und nicht auf den guten Christen.[64] Durch Me-

60 Wolfgang Reinhard, Vom italienischen Humanismus bis zum Vorabend der Französischen Revolution, in: Hans Fenske u.a., Geschichte der politischen Ideen. Von der Antike bis zur Gegenwart, Frankfurt/Main 2003, S. 239-376, hier S. 271.

61 Sellin, Politik, S. 807.

62 Philipp Melanchthon, Commentarii in aliquot politicos libros Aristotelis, Wittenberg 1530; ders., In Aristotelis aliquot Libros Politicos. Commentaria, Hagenau 1531; vgl. Heinz Scheible, Melanchthon: Eine Biographie, München 1997, S. 93.

63 Sellin, Politik, S. 808.

64 Dreitzel, Aristotelismus, S. 171.

lanchthon wurde er Universitätsdisziplin, was eine Eigentümlichkeit der deutschen Entwicklung blieb.[65]

Diese sehr geschmeidige und keineswegs einförmige akademische ›Politica‹ war in der Lage, nach dem Zerfall der christlichen Einheit und der Konsolidierung der Einzelstaaten den sehr komplizierten Verhältnissen im Reich flexibel Rechnung zu tragen. Nirgendwo sonst in Europa erschienen so viele Werke, die das Wort ›Politica‹ im Titel trugen. Unter ›Politik‹ verstand dieser späte Aristotelismus vor allem die Lehre von der Herrschaftsorganisation, während Fragen nach der Herrschaftslegitimation unwichtiger waren.[66] Politik war für die Aristoteliker auch keine Handlungslehre.[67] Als Staatswissenschaft verglich Melanchthon die ›Politica‹ mit der Architektur.[68]

Auch Calvin (1509-1564) hat sich zu den Grundfragen der Herrschaftsorganisation geäußert. Obwohl er von einer Einheit der Ethik für alle Lebensbereiche, die in der Bibel ihre Wurzeln hatte, ausging, war er im Gegensatz zu Luther dem klassischen Erbe verpflichtet. Seine politische Philosophie fußte in erster Linie auf den antiken Klassikern, vornehmlich Aristoteles, Cicero, Plutarch und Seneca.[69] Die politische Sprache des Genfer Reformators war somit zu einem Gutteil den Klassikern entlehnt. In dem Kapitel ›De Politica administratione‹ der lateinischen *Institutio* ist ›Politia‹ der Leitbegriff, worunter Calvin das Ensemble von Ob-

65 Ebd., S. 182.

66 Tim Neu, Vorgänger und Konkurrent [des modernen Naturrechts]: der Spätaristotelismus, in: Barbara Stollberg-Rilinger, Einführung in die Frühe Neuzeit: http://www.uni-muenster.de/FNZ-Online/recht/polittheorie/unterpunkte/vorgaenger.

67 Dreitzel, Aristotelismus, S. 176 f.

68 Melanchthon, Commentaria, S. 7.

69 Wilhelm H. Neuser, Johann Calvin – Leben und Werk in seiner Frühzeit 1509-1541, Göttingen 2009, S. 243 ff.

rigkeit, Gesetz und Volk verstand.[70] Stärker als im lutherischen Aristotelismus wurde ›Politia‹ als Rechtsordnung verstanden und nach Calvin können die verfassungsgemäßen Kontrollorgane gegen die Willkürherrschaft eines Einzelnen vorgehen.[71] Allerdings hat die neuere Forschung herausgearbeitet, dass es auch im Luthertum Vorstellungen von einem Widerstandsrecht der Stände gegen eine unrechtmäßige Herrschaft des Fürsten gab.[72] Wiederum anders die Bundestheologie des Ulrich Zwingli (1484-1531): Ganz der biblischen Tradition verpflichtet, benutzte er den ›klassischen‹ Politikbegriff nicht.

Eine weitere Form von politischer Reflexion stellten die Utopien des 16. Jahrhunderts dar, allen voran die der Gattung den Namen gebende *Utopia* des Thomas Morus (1478-1535) von 1516 und die zu Beginn des 17. Jahrhunderts erschienene *Civitas solis* des Dominikaners Tommaso Campanella (1568-1639). Sie waren Ausdruck der Suche nach dem idealen Staat. Die *Utopia* war ein Gegenentwurf gegen die Missstände ihrer Zeit. Thomas Morus benutzte in klarer Absetzung von der philosophisch-theologischen Tradition seiner Zeit den Politikbegriff nicht. Der ›Sonnenstaat‹ des Campanella hingegen war ein restaurativer Entwurf einer Priesterherrschaft und eine rigorose Ablehnung des neuzeitlichen Individualismus. In ihm wird sogar ein »Politicus« als Experte beschäftigt.[73]

70 Ebd., S. 240-242.

71 Neuser, Calvin, S. 243.

72 Luise Schorn-Schütte, Obrigkeitskritik und Widerstandsrecht. Die »politica christiana« als Legitimitätsgrundlage, in: dies. (Hg.), Aspekte der politischen Kommunikation im Europa des 16./17. Jahrhunderts, München 2004, S. 195-232.

73 Tommaso Campanella, La Città del Sol. Testo italiano e testo latino a cura ie Norberto Bobbio, Torino 1941, S. 59 und 120.

Trotz aller inhaltlichen Unterschiede handelt es sich bei diesen Beispielen politischer Theorien und Entwürfe immer um Lehren, die sich mit dem Gemeinwesen, seinen Formen, seiner Regierung und seinen Maximen beschäftigten. ›Politica‹ war im 16. Jahrhundert systematische Staatswissenschaft. Sie war beseelt von der Suche nach dem idealen, zumindest nach dem beständigen Gemeinwesen in Übereinstimmung mit der Weltenordnung. Sie war, oftmals auch als akademische Disziplin, eine Unterabteilung der Ethik.

In den allermeisten Fällen handelte es sich bei den behandelten Gemeinwesen um die sich konsolidierenden Territorialstaaten, im Reich aber auch um die Reichsordnung selbst. Das griechische und römische Erbe wurde dabei, wie schon im Mittelalter, den veränderten Herrschaftsbedingungen angepasst und seines republikanischen Gehalts beraubt. Schon Melanchthons Adaption des politischen Aristotelismus war von dem Wunsch beseelt, ihn zur »Festigung der territorialen Macht« nutzbar zu machen.[74] Lediglich in England konnte sich ›Politik‹ noch Ende des 17. Jahrhunderts explizit auch auf die Stadt, im Sinne der politischen Kommune, beziehen. Englische Lexikoneinträge führten unter dem Lemma »Politicks« auch »books (treatises) treating the government of a city or Commonwealth« auf,[75] während in Frankreich diese Bedeutungsvariante nur für das 13. Jahrhundert, also für die Anfangsphase der Aristoteles-Rezeption belegt ist. In Deutschland scheint eine solche an der

74 Isabella Deflers, Aristotelismus in Melanchthons Rechtsauffassung, in: Alexander Fidora u.a. (Hg.), Politischer Aristotelismus und Religion in Mittelalter und Früher Neuzeit, Berlin 2007, S. 119-130, hier S. 121.

75 Thomas Blount, Glossographica, London 1656, Art. Politicks, ohne Seitenangabe; John Bullokar, An English expositour, London 1698, Art. Politicks, ohne Seitenangabe.

antiken Polis orientierte Lesart hingegen unbekannt gewesen zu sein. Auch dem deutschen Begriff der ›Policey‹ mangelte jeder partizipative Aspekt.

2. *Autonomie und Praxeologie der Politik*

Schon Melanchthon musste angesichts des lutherischen Rigorismus viel Mühe darauf verwenden, die Eigenständigkeit der ›Politik‹ zu begründen, konnte doch der Aristotelismus als ein autonomes Begründungssystem aufgefasst werden.[76] Melanchthon unterschied die ›Politica‹ streng vom Evangelium: die Politik handle »de externa actione in vita«, die nach den jeweiligen Gepflogenheiten geregelt werde, das Evangelium hingegen betreffe die »iustitia aeterna«.[77] Evangelium und Politik nicht zu unterscheiden, gefährde die öffentliche Ruhe. Die Wiedertäufer und der Papst gleichermaßen würden gegen dieses Gebot verstoßen.[78] Dies war eine geschickte Argumentation, um auch die Rigoristen in den eigenen Reihen in ihre Schranken zu weisen.

›*Les Politiques*‹. Was Melanchthon im Rahmen akademischer Überlegungen noch friedlich reflektierte, wurde andernorts, in Frankreich, nur einige Jahrzehnte später blutiger Ernst. In den französischen Religionskriegen wurden diejenigen, die die öffentliche Ruhe höher schätzten als die Wahrheitsansprüche von Calvinisten und katholischen Ligisten, ab 1568 als ›les politiques‹ beschimpft. Hier ging es weniger um die theologische Unterscheidung von Evan-

76 Andrea Löther, Bürger-, Stadt- und Verfassungsbegriff in frühneuzeitlichen Kommentaren der Aristotelischen Politik, in: Koselleck / Schreiner (Hg.), Bürgerschaft, S. 90-128, hier S. 90.

77 Melanchthon, Comentaria, S. 8.

78 Ebd., S. 9.

gelium und Politik, als vielmehr handfest um diejenige von »potestas ecclesiastica« und »potestas politica«.[79] Diese seit langem gängige Unterscheidung verschärfte sich nun derart, dass die beiden Gewalten als einander ausschließend konzipiert wurden, als »asymmetrische Gegenbegriffe« (Reinhart Koselleck).[80] Die Akteursbezeichnung ›politique‹ entwickelte sich in dieser Gesinnungskontroverse zum Schimpfwort. Die »politiques« bzw. diejenigen, die eine »pur politique et prudence humaine« vertraten,[81] also auf die Suprematie der weltlichen Ordnung zur Sicherung des Friedens setzten, wurden zur Zielscheibe der katholischen Partei. Der Jesuit Claude Clément warf den »politiques« im Jahr 1637 Staatsvergötzung, »Statôlatrie«, vor. Sie seien die neuen Heiden, die wie die Griechen die Polis, die Römer die Republik und das Reich heute den Staat anbeten würden.[82] Für den frommen Christen sei also der »politique« der »ennemi de la Religion et de l'État«.[83] Denn die Religion sei die Seele der »République«, wie der Staat ihr Körper.[84]

79 So z.B. in dem Buchtitel Libelli de ecclesiastica et politica potestate, Paris 1612.

80 Reinhart Koselleck, Zur historisch-politischen Semantik asymmetrischer Gegenbegriffe, in: ders., Vergangene Zukunft. Zur Semantik geschichtlicher Zeiten, Frankfurt/Main 1979, S. 211-259.

81 Nicolas Caussin, La Cour Sainte, Paris 1624, S. 522, zit. nach Étienne Thuau, Raison d'état et pensée politique à l'époque de Richelieu, Paris 1966, S. 136.

82 Claude Clément, Machiavelismus jugulatus a Christiana Sapientia Hispanica et Austriaca, Copluti 1637, S. 1 f., zit. nach Étienne Thuau, Raison d'état et pensée politique à l'époque de Richelieu, Paris 1966, S. 95 f.

83 Hercules de Cherbeyt dit Dardenne, Apologie contre les Politiques ennemis de la Religion et de l'État, Paris 1618, zit. nach Thuau, Raison d'état, S. 104.

84 Claude Vaure, L'État chrétien ou maximes politiques tirées de l'Écriture, contre les fausses raisons d'état des libertins politiques

›Politisch‹ wurde also pejorativ zu ›weltlich‹ oder gar ›heidnisch‹ depotenziert. Wie es sich für jede ordentliche Häresie gehörte, musste sie tief in der Vergangenheit verortet sein. Kardinal Baronius (1538-1607) bezeichnete in seiner Kirchengeschichte, erschienen zwischen 1588 und 1593, die Partei des Arnold von Brescia (um 1090-1155), die unter Papst Innozenz II. angefangen habe, ihr Unwesen zu treiben, als die »haeresis« der »politicorum«, also als heidnische Anhänger der alten römischen Republik.[85] Bezeichnenderweise war die Sprache der zur selben Zeit erscheinenden protestantischen Magdeburger Centurien genau invers: Dort ist von der »Politia Ecclesiae« die Rede: »Regna huius mundi tenent ipsi Romani pontifices Romani.«[86] Die römische Kirche sei selbst verweltlicht. Und in seinem *Book of Martyrs* ließ zeitgleich in England John Foxe (1517-1587) die Päpste aus »political reasons« morden.[87]

Indem ›politisch‹ so als Bezeichnung einer Partei und Gesinnung benutzt wurde, war ein wichtiger Schritt weg von der Systematik hin zur Praxis der ›Politik‹ und zu ihrer Ablösung von Moral und Religion – wenn auch zunächst nur in polemischer Absicht – getan. Die entscheidenden Angriffe auf die ›Politica‹ als Architektur des Staates und zugleich die wichtigsten Schritte in Richtung einer Autonomie der Politik erfolgten indessen an anderer Stelle.

de ce siècle, Paris 1626, S. 234, zit. nach Thuau, Raison d'état, S. 115.

85 Cesare Baronius, Annales ecclesiastici tempora perducti ab Augustino Theiner, Barri-Ducis 1874, Bd. 18, S. 618.

86 Duodecima Centuria Ecclesiasticae Historiae, Basileae 1569, Bd. 12, S. 1066.

87 John Foxe, Book of Martyrs, hg. v. William Byron Forbush, http://www.ccel.org/ccel/foxe/martyrs/files/martyrs.html, chap. VI.

Praktisches Interesse und die Grenzen der Erkenntnis. Die *Politica* des Aristoteles blieb vor allem in ihrer scholastischen Variante zwar eine wichtige Bezugsgröße für das politische Denken, aber die Vorbehalte gegen ihre Systematik nahmen beständig und unumkehrbar zu. Europaweit ging die Anzahl der Neuausgaben und Übersetzungen der *Politik* ab 1620 drastisch zurück, um im frühen und mittleren 18. Jahrhundert gegen Null zu tendieren.[88] Dahinter steckte die Erkenntnis, dass die Rezepte der Antike für die Gegenwart nicht mehr taugten. Zwar hat es eine ›Querelle des anciens et des modernes‹ in der Politik nie gegeben, aber von der Sache her vollzog sich hier der gleiche Ablösungsprozess von den Normen der Antike wie in der Kunst und Philosophie. Im Jahr 1576 schrieb Bodin (um 1529-1596) in seinen *Six livres de la République,* dass zu Zeiten von Platon und Aristoteles die politische Wissenschaft »noch sehr im Dunkeln getappt« habe.[89] Er ging davon aus, dass die Kenntnisse über die Politik kumulativ weiter entwickelt werden müssten. Deutlicher noch stellte der Artikel »Politique« der *Encyclopédie* im Jahr 1765 fest, dass sich die Verhältnisse und Sitten auf der Welt so sehr gewandelt hätten, dass die Lehren des Aristoteles als »préceptes« auf die Lenkung der gegenwärtigen Staaten nicht mehr anwendbar seien. Von allen Teilen der Philosophie habe sich die »politique« am stärksten verändert und unter der großen Anzahl von Auto-

88 Eigene Berechnungen nach WorldCat; vgl. auch Dreitzel, Aristotelismus, S. 184-192. Im späten 18. Jahrhundert gibt es indes nicht unbedeutende neue Übersetzungen, in Deutschland z. B. von Garve und Schlosser, in Frankreich von Jean-François Champagne.

89 Jean Bodin, Sechs Bücher über den Staat, übers. u. mit Anm. versehen v. Bernd Wimmer, 2 Bde., München 1981/1986, Bd. 1, S. 94 u. Anm. 25.

ren sei kein einziger, der nicht eine andere Art zu regieren empfohlen habe.[90]

Die generelle Hinwendung zur empirischen Beobachtung der Welt und zum Einzelfall seit dem späteren 16. Jahrhundert wirkte sich auch auf die politische Theoriebildung aus. Den systematischen Traktaten traten Handlungsanweisungen zur Seite, die bewusst von einzelnen Situationen ausgingen. Politik wurde zu einem eigenen Gesetzen folgenden Machtspiel. Im Zuge dieser praxeologischen Erweiterung der ›Politik‹ spielte die Rezeption des *Principe* des Florentiners Niccolò Machiavelli (1469-1527), erschienen 1532 und gewidmet Cesare Borgia, eine zentrale Rolle. Das Werk stand, wie gezeigt, in einer längeren Tradition von Ratgeberliteratur, war aber in seiner amoralischen Radikalität bis dahin einzigartig. Zwar ist in diesem Vademecum des skrupulösen Machtpolitikers in klarer Absetzung vom aristotelisch-scholastischen Sprachgebrauch nie von ›Politik‹ die Rede, aber das Werk wurde sofort unter diesem Begriff rezipiert, auch wenn bis ins 18. Jahrhundert hinein diskutiert wurde, ob es dieses Prädikat überhaupt verdiene.[91] Oft musste man in Zukunft von der ›wahren Politik‹ (*vera politica*) sprechen, um nicht als Machiavellist missverstanden zu werden.[92] An dem Florentiner schieden sich während der gesamten Frühen Neuzeit die Geister. Die zweischneidige Rezeption des *Principe* war ein Grund für die Entstehung

90 Anon., Art. Politique, in: Encyclopédie ou Dictionnaire raisonné des sciences, des arts et des métiers, Bd. 12, Paris 1765, S. 917-919; vgl. Jörn Leonhard, Politik – ein symptomatischer Aufriss der historischen Semantik im europäischen Vergleich, in: Willibald Steinmetz (Hg.), »Politik«. Situationen eines Wortgebrauchs im Europa der Neuzeit, Frankfurt/Main 2007, S. 75-133, hier S. 80.

91 Sellin, Politik, S. 809 u. 813 f.

92 Ebd., S. 813.

eines zweiten, diesmal negativen Politikbegriffs. Eine Bearbeitung des Lexikons von Furetière, im Wesentlichen das Werk protestantischer französischer Emigranten, beispielsweise verzeichnete 1701 unter »Politique«: »On a defini la politique, l'Art de jouër, & de tromper les hommes. Ce qui s'appelle fraude & infidélité dans le commerce de la société, prend le beau nom de politique dans le cabinet des princes.«[93] In dieser Kritik an der Umdefinition der Politik und an der Herrschaft Ludwigs XIV. schimmerte noch das alte aristotelische Verständnis von ›Politik‹ durch.

Befördert wurde die ›Politik‹ als Praxeologie nicht nur durch die Rezeption des *Principe*, sondern auch durch eine neue Lektüre des Tacitus. Dessen Werke, insbesondere sein Buch über die Herrschaft des Tiberius, war seit dem späten 16. Jahrhundert ein wichtiger Bezugspunkt für die Reflexion über die geschickte Anwendung der ›Arcana Imperii‹.[94] Schon in der zweiten Hälfte des 17. Jahrhunderts nahm das Interesse an seinem Werk jedoch spürbar ab.[95] Im Rahmen der Tacitus-Rezeption waren vor allem die Werke des Neostoizisten Justus Lipsius (1547-1606) bedeutsam, so seine zuerst 1574 in Antwerpen erschienene Ausgabe des antiken Autors und die *Politicorum sive civilis doctrinae libri sex, qui ad principatum maxime spectant*, erschienen in Leiden 1589. Schon 1590 wurden letztere unter dem Titel *Les Six livres des politiques, ou Doctrine civile de Justus Lipsius* in La Rochelle, also im protestantischen Umfeld, auf Französisch publiziert. Der Titel kündigte an, dass es sich um ein Handbuch für ›Politiker‹ im Sinne von politisch Tätigen handelte. Es war ein streng praktisch ausgerichteter Rat-

93 Antoine Furetière, Art. Politique, in: Dictionnaire universel, 2. Aufl., La Haye / Rotterdam 1701, Bd. 3, ohne Seitenangabe.

94 Vgl. Thuau, Raison d'état, S. 33 ff.

95 Ebd., S. 48-50.

geber.[96] Obwohl das Werk sich noch ›Doctrina civilis‹ nannte, war es keine systematische Abhandlung über die Grundlagen der Vergesellschaftung, die Staatsformen und Privilegien, wie der Aristotelismus es praktizierte, sondern ein ›cento‹, also eine Sentenzen-Sammlung (*loci communes*), geordnet zu einem nützlichen Werk für die Monarchie.[97] Die 116 zitierten Autoren stammen fast alle aus der klassischen Antike,[98] von den Kirchenvätern werden nur sehr wenige zitiert, aus der Bibel lediglich die *Acta Apostolorum*. Bezeichnenderweise spielt in dem Werk der Politikbegriff keinerlei Rolle, was sich als klare Absetzung von der aristotelischen Tradition deuten lässt, auch wenn Lipsius den Stagiriten zu seinen Vorläufern zählte.[99]

Der praxeologischen Theorie einer eigenen Gesetzen gehorchenden Politik folgte die Praxis selbst. Zwar war der Handlungsaspekt im Politikbegriff schon von Anfang an angelegt, aber seit dem ausgehenden 16. Jahrhundert bezeichnete ›Politik‹ immer öfter Tätigkeiten und ihnen zugeordnete pragmatische, oft situationsgebundene Maximen, zunächst in England. Thomas Hobbes (1588-1679) sprach im *Leviathan* von den »rules of Politiques« im Sinne praktischer Verhaltensregeln.[100] 1597 wurde zum ersten Mal im Parlament »policy« im Sinne von ›Politik betreiben‹ verwendet.[101] In der Folgezeit wurde dieser Sprachgebrauch

96 Justus Lipsius, Politica: six books of politics or political instruction, übers. und eingel. von Jan Waszink, Assen 2004, S. 3 f. u. 205, Anm. 2 [Erläuterung des Hg.].

97 Ebd., S. 3 f. [Erläuterung des Hg.].

98 Ebd., S. 5 [Erläuterung des Hg.].

99 Ebd., 230 [Erläuterung des Hg.].

100 Thomas Hobbes, Leviathan (1651), hg. v. C. B. Macpherson, Harmondsworth 1968, S. 251.

101 Sir Simonds D'Ewes, The Journals of all the Parliaments during the reign of Queen Elizabeth, London 1682, Eintrag zum 5.11. 1597. Ich danke Michaela Hämmerle für diesen Hinweis.

auch auf dem Kontinent gebräuchlich, etwa wenn der Kardinal Retz (1613-1679) in seinen Memoiren der ersten Hälfte des 17. Jahrhunderts von der »politique de la maison de l'Autriche« sprach.[102]

Schließlich führten auch grundsätzliche Zweifel an der Erkennbarkeit der Gesetze, die das Leben und das Gemeinwesen bestimmten, zu einer Schwächung systematischer Politik-Reflexion. Ein wesentlicher Grund war der seit der Reformation wiedererstarkte Augustinismus, der, von der radikalen Verderbtheit der Menschen überzeugt, deren Befähigung zum rationalen Durchdringen der Welt bezweifelte. Seinen Höhepunkt erreichte dieses pessimistische Politik-Verständnis nicht in den protestantischen Konfessionen, sondern im katholischen Jansenismus in Frankreich seit den vierziger Jahren des 17. Jahrhunderts. Hierfür waren auch praktische Erfahrungen mit den Regimen der Kardinäle Richelieu und Mazarin sowie der Herrschaft Ludwigs XIV. ausschlaggebend. Einer der prominentesten Jansenisten, Blaise Pascal (1623-1662), mokierte sich über die Stammväter der politischen Theorie, Platon und Aristoteles, und verspottete die *Lois* und *Politiques* als ihre am wenigsten philosophischen und ernstzunehmenden Werke.[103] Für ihn basierte die politische Ordnung schlichtweg auf »force«, also auf Gewalt.[104]

102 Jean-François Paul de Gondi Cardinal de Retz, Mémoires, hg. v. A. Feillet u. J. Gourdault, Nancy 1717, Bd. 1: 1613-1648, S. 168.

103 Blaise Pascal, Pensées No. 294 [137], in: ders., Œuvres complètes, hg. v. Jacques Chevalier, Paris 1954, S. 1079-1345, hier S. 1163; Anna Maria Battista, Morale »privée« et utilitarisme politique en France au XVIIe siècle, in: Roman Schnur (Hg.), Staatsräson. Studien zur Geschichte eines politischen Begriffs, Berlin 1975, S. 87-119, hier S. 98.

104 Pascal, Pensées No. 238 [165], S. 1152; Battista, Morale »privée«, S. 115.

3. Gesellschaftsvertrag und Politik

Parallel zur praxeologischen Erweiterung der politischen Semantik entwickelte sich eine zweite Tendenz, die nur vordergründig im Widerspruch zu dieser steht. Hatte der frühneuzeitliche Aristotelismus sich um die Ursachen der Vergesellschaftung wenig gekümmert, das Problem mit der Behauptung, der Mensch sei ein *zoon politikon* als gelöst angesehen und den Bürger auf einen Beherrschten reduziert, so wurde gegen Ende des 16. Jahrhunderts das Bedürfnis immer stärker, die Bildung von politischen Einheiten ›wissenschaftlich‹ zu erklären. Man war dabei um eine neue Anthropologie und um eine Neubestimmung des Verhältnisses von Individuum und Herrschaftsgefüge, von Freiheit und Macht bemüht. Das Ziel der Überlegungen war entweder eine Begründung oder eine Begrenzung des sich konsolidierenden Staates. Die Verdichtung und Ausweitung staatlicher Kompetenzen verlangte nach neuen Herrschaftsbegründungen. Thomas Hobbes begann deshalb seinen *Leviathan* mit einer Abrechnung mit der *Politik* des Aristoteles. Nähme man eine natürliche Art der Gemeinschaftsbildung an, so erklärte er, seien auch die Ameisen und Bienen »Politicall creatures«. Aristoteles könne aber damit nicht das Spezifikum der menschlichen *civitas* erklären. Die Bildung eines »*Common-wealth,* in latine *Civitas*« erfolge stattdessen allein aufgrund des Willens und der Vernunft der Individuen, die sich zu ihrem gegenseitigen Schutz verbinden.[105]

Die praxeologische Semantik von Politik setzte sich also nicht schlichtweg durch und verdrängte auch nicht die systematische Reflexion, sondern zwang diese aufgrund ihres ›realistischen‹ Zugriffs dazu, ihre anthropologischen Grund-

105 Hobbes, Leviathan, II.17, die Zitate S. 225 u. 227 (Hervorhebungen im Original); vgl. auch Hobbes, De Cive, V.5, hg. v. Howard Warrender, Oxford 1983, S. 132.

lagen zu überdenken. Der Mensch wurde nicht mehr unter metaphysischen Gesichtspunkten seines Wesens betrachtet, sondern als Teil einer Natur, die es empirisch zu untersuchen galt. Die »Politique« wurde deshalb bei Jean Bodin in Absetzung zur älteren Klassikerexegese »science« genannt.[106] Semantisch wurde diese »science politique« in Neuschöpfungen wie »économie politique«, 1615 von Montchrétien geprägt,[107] später dann in der politischen Arithmetik und Demographie empirische Disziplin.[108]

Die Lehre vom Gesellschaftsvertrag verstand sich ebenfalls als eine solche empirische Theorie. Sie stärkte das Individuum, weil weder Gott noch ein Wesenszug des Menschen Ursache der Staatsbildung waren, sondern die empirisch fassbare, von Interessen gesteuerte Natur des Menschen selbst. Das Brisante an der Theorie des Gesellschaftsvertrages war, dass er seine mögliche Aufhebung implizierte, wenn seine Entstehungsvoraussetzungen nicht mehr erfüllt waren, vor allem dann, wenn der Staat seiner Schutzfunktion nicht mehr nachkam.

Hobbes selbst trug definitorisch zur Begriffsgeschichte von ›Politik‹ wenig bei, wahrscheinlich in bewusster Absetzung vom aristotelischen Vokabular. Die in seiner Vertragstheorie paradigmatisch durchgeführte, neuartige Reflexion zum Verhältnis von Individuum und Gemeinwesen hatte aber das Potenzial für eine semantische Erweiterung des Politischen über die Staatslehre und Staatslenkung hinaus.

106 Jean Bodin, Les six livres de la République, hg. v. Gérard Mairet, Paris 1993, S. 47.

107 Kari Palonen, Die Thematisierung der Politik als Phänomen. Eine Interpretation der Geschichte des Begriffs Politik im Frankreich des 20. Jahrhunderts, Helsinki 1989, S. 32.

108 Pierre Rosanvallon, Le moment Guizot, Paris 1985, S. 20-24.

›Politisch‹ wurde zu einer Grundkategorie, zur Bezeichnung für die Konstituierung des sozialen Lebens selbst.

Althusius (1563-1638) begann zum Beispiel seine *Politica* 1614 mit dem Satz: »Politica est ars homines ad vitam socialem inter se constituendam, colendam et conservandam consociandi«.[109] Für Althusius war ›Politik‹ die »Lehre vom symbiotischen Leben«.[110] »Das Politische« war für ihn »in seinem Ursprung und Ziel eine soziale Gegebenheit.«[111] Laut Horst Dreitzel war dies eine offene Semantik von ›Politik‹, die in Deutschland auch außerhalb des Aristotelismus seit dem 17. Jahrhundert des Öfteren zu finden war.[112] Weit gefasst war auch John Lockes (1632-1704) Politik-Definition: »Politics contains two parts, very different the one from the other. The one, containing the original of societies, and the rise and extent of political power; the other, the art of governing men in society.«[113]

4. Die Politik des Individuums

›Politik‹ als Verhalten. ›Politik‹ war im Verständnis der Frühen Neuzeit nicht allein eine Angelegenheit der Regieren-

109 Johannes Althusius, Politica methodice digesta, cap. 1, Herbonae Nassoviorum 1614 (ND Aalen 1961), S. 2; Dreitzel, Aristotelismus, S. 173.

110 Johannes Althusius, Politik, cap. 1, nach der Übersetzung von Heinrich Janssen, Berlin 2003, S. 24.

111 Sellin, Politik, S. 819.

112 Dreitzel, Aristotelismus, S. 172 f.

113 John Locke, Some thoughts concerning reading and study for gentleman, Works in Nine Volumes, Bd. 1, London 1824, http://oll.libertyfund.org/?option=com_staticxt&staticfile=show.php%3Ftitle=762&chapter=80855&layout=html&Itemid=27.

den. Seit dem 16. Jahrhundert konnte sich der Begriff auch auf das Verhalten und die Lebensführung des Einzelnen beziehen. ›Politik‹ als geschicktes Verhalten leitete sich aus der engen Verbindung von politischem Handeln und Klugheit (*prudentia*) ab, die mühelos auf den privaten Bereich übertragen werden konnte. Trotzdem ist es falsch, diese Verwendung des Politikbegriffs als eine bloße Analogie aufzufassen. Denn dieser Begriff von ›Politik‹ verwies auf notwendige Kompetenzen gesellschaftlichen Handelns, die wiederum für die Existenz und die Stabilität des Gemeinwesens als notwendig erachtet wurden. Der Politikbegriff entsprach darin dem Begriff der ›Zivilisation‹. Eine gewisse Nähe von ›Politik‹ (›politique‹, ›policy‹) zu ›poli‹ und ›polite‹ im Sinne von geschliffen/poliert ist anzunehmen, obwohl die beiden Worte etymologisch keinen Bezug zueinander haben.

Humanistisch war die Überzeugung, dass erst Bildung dem Menschen ermögliche, sich in der Gesellschaft angemessen zu bewegen. Bildung sei intellektuelle Befähigung und soziale Kompetenz zugleich. Mitte des 16. Jahrhunderts verwendete Rabelais (ca. 1494-1553) zum Beispiel »conversation politicque« im Sinne von sozialem Verkehr.[114] »Savoir politicque« sei das hierfür nötige Wissen.[115]

In England wurde »policie« 1599 unter anderem als »finesse, neatness und trimness« definiert.[116] Hier blieb die Semantik von ›policy‹, ›political‹ und ›politics‹ durchgängig

114 Rabelais, Gargantua, in: ders., Œuvres complètes, hg. v. Mireille Huchon u.a., S. 110 (Kap. 40), zit. nach F.-M. Plaisant, Le sens du mot ›politicq‹ chez Rabelais à la lumière d'un Titre de la librairie Saint-Victor ›Le Mortier de vie politicque‹, in: Bulletin de l'Association Guillaume Budé, 1971, S. 394-399, hier S. 397.

115 Rabelais, Pantagruel, in: Œuvres complètes. S. 243 (Kap. 8), zit. nach Plaisant, Le sens, S. 397.

116 Perceval, Dictionary, S. 192.

positiv bis leicht ironisch negativ. Für das 18. Jahrhundert lässt sich von einer Verbürgerlichung des Begriffs reden. Hier wurde geradezu in Umkehrung der traditionellen Analogie von Hauswirtschaft und Regierung »policy« auch als »the good management of a person's private affairs« um 1750 lexikonfähig.[117] Das war eine sehr pragmatische Semantik, die weniger auf Tugendhaftigkeit, denn auf die rechte Bestallung des eigenen Vermögens abhob.

Eine starke Karriere erlebte der positive, auf das Individuum bezogene Politikbegriff auch in Deutschland. Seit dem 16. Jahrhundert verstand man unter »Politisch leben«[118] ein dem Hofe angemessenes weltmännisches Auftreten.[119] Diese Kunst war lernbar, jedoch nicht durch Theologie, sondern anhand von praktischen Ratgebern wie etwa dem 1622 erschienenen Traktat *Aulico-Politica*.[120] Mit Klugheit sollte man sich im Weltentheater bewegen, von Gott war kaum noch die Rede – der Einfluss des spanischen Jesuiten und Moralisten Baltasar Gracián war unverkennbar.[121] Ähnlich wie die Semantik des Politischen durch den am Individuum orientierten Gesellschaftsvertrag über die Grenzen der Staatlichkeit in Richtung der Vergesellschaftung schlechthin sich ausdehnte, wurde das ›politische‹ Verhalten, also die Fähigkeit, sich in der Gesellschaft geschickt bewegen und

117 Thomas Dyche, A New General English Dictionary, 6. Aufl., London 1750, S. 16.

118 Johann Fischart, Geschichtklitterung (Gargantua). Text der Ausgabe letzter Hand von 1590. Mit einem Glossar hg. v. Ute Nyssen. Nachw. v. H. Sommerhalder, 2 Bde., Düsseldorf 1963/64, Bd. 1, S. 210; vgl. Wilfried Barner, Barockrhetorik: Untersuchungen zu ihren geschichtlichen Grundlagen, Tübingen 1970, S. 137.

119 Barner, Barockrhetorik, S. 135 ff.

120 Ebd., S. 139.

121 Ebd., S. 135 ff.

vor allem auch sprachlich äußern zu können, seit dem späten 17. Jahrhundert in Deutschland zu einem allgemeinen bürgerlichen Ideal.[122] Der *Kurtze Entwurff der Politischen Klugheit* des Christian Thomasius wandte sich 1707 explizit an eine möglichst große Leserschaft, darunter auch die »Frauenzimmer«.[123] Die ›Politica‹ wurde somit in der frühen Aufklärung zur »Kunst«, wie ein jeder sich »in seinem Stande klüglich und weislich« verhalten soll, damit er »mit der Zeit zu demjenigen Zweck, welcher seinem Stande gemäß, glücklich gelangen soll.«[124] Auch der Polizeibegriff konnte im 18. Jahrhundert im Deutschen die Bedeutung von »Höflichkeit« und »gesittetem Verhalten« annehmen, was sich von dem mittellateinischen »polire« gleich »glätten« ableitete.[125] Zu beachten ist, dass dieser Politikbegriff nicht auf die aktive Teilhabe an den politischen Entscheidungsprozessen abzielte.

Anders als in England und Deutschland ging in Frankreich die positive Verwendung von ›politique‹ im Sinne des geschickten Sich-Verhaltens schon um die Wende vom 16. zum 17. Jahrhundert verloren. Einzelne Intellektuelle wie Montaigne (1533-1592) vertraten das stoische Ideal des sich selbst genügenden Weisen und blickten voller Verachtung

122 Vgl. ebd., S. 135 ff. u. 167 ff.; Gotthardt Frühsorge, Der politische Körper. Zum Begriff des Politischen im 17. Jahrhundert und in den Romanen Christian Weises, Stuttgart 1974, S. 10 ff.; Georg Stanitzek, Blödigkeit. Beschreibungen des Individuums im 18. Jahrhundert, Tübingen 1989, S. 13 ff.

123 Stanitzek, Blödigkeit, S. 16.

124 Johann Hübner, Curieuses und Reales Natur-, Kunst-, Berg-, Gewerck- und Handlungs-Lexicon, 3. Aufl., Leipzig 1717, Bd. 5, zit. nach Stanitzek, Blödigkeit, S. 16.

125 Franz-Ludwig Knemeyer, Art. Polizei, in: Geschichtliche Grundbegriffe, Bd. 4, S. 875-897, hier S. 883 f.

auf das Treiben der Welt.[126] Der Jansenismus radikalisierte im 17. Jahrhundert die Distanz zum ›politischen‹ Geschäft. Bei Pascal wurde ›politique‹ geradezu zu einem Gegenbegriff zur Wahrheit und Offenheit. Sie war die ›Untugend‹ der Laxen – für Pascal natürlich und besonders die der Jesuiten. Aber vor allem beförderte die Hofkritik dieses negative Politik-Verständnis. Seit dem Mittelalter geübt, hatte sie im 16. Jahrhundert europaweit Verbreitung gefunden.[127] Jetzt wurde sie in Frankreich als ›politique‹ auf den Punkt gebracht. Die Konzentration der Macht in der Hand des Fürsten, schlechterdings das Programm des französischen Absolutismus seit Richelieu (1585-1642), zeitigte nämlich das paradoxe Ergebnis, dass sich die Anzahl der ›politischen Akteure‹ drastisch erhöhte, deren sogenannte ›Politik‹ sich aber meistenteils auf die kleinliche Sicherung ihres eigenen Vorteils beschränkte. Der Duc de Saint-Simon (1675-1755) hat dies hasserfüllt in seinen Memoiren beschrieben. Die Erkenntnis, dass die Zentrierung der Macht auf den Monarchen ein kaum zu entwirrendes Knäuel von taktierenden Höflingen, die alle ihre eigene ›Politik‹ verfolgten, hervorbrachte, konnte nur zu einem abgrundtief pessimistischen Politikbegriff führen. Der Hof wurde etwa bei Pierre Corneille (1606-1684) zum Ort der intriganten ›politique‹ schlechthin. Nirgendwo sonst in Europa wurde und blieb ›politique‹ ein derart negativ besetzter Begriff, synonym für Korruptheit, Falschheit und maßlosen Aufstiegswillen, wie in Frankreich.

Die negative Konnotation des französischen Politikbegriffs im Sinne des individuellen Sich-Verhaltens zunächst

126 Vgl. Battista, Morale »privée«, S. 87 u. 91.

127 Claus Uhlig, Hofkritik im England des Mittelalters und der Renaissance, Berlin 1973.

im Rahmen der Hofkritik ist letztlich nur zu verstehen, wenn man berücksichtigt, dass in Frankreich eine direkte Kritik an der Herrschaftspraxis des Absolutismus rigoros unterbunden wurde. Dabei hätte sich der Politikbegriff hierzu durchaus geeignet. In der ersten französischen Übersetzung der aristotelischen *Politica* hatte Nicolas de Oresme (ca. 1320-1382) die »princey despoticque« von der »princey politique« unterschieden; ähnlich unterschied Loys Le Roy (ca. 1510-1577) in seiner Übersetzung des 16. Jahrhunderts zwischen »gouvernement seigneurial« und »gouvernement politique«.[128] Diese tendenziell herrschaftskritische Semantik von ›Politik‹ spielte aber nach dem Untergang der ständisch eingehegten Monarchie (›monarchie reglée‹) in Frankreich keine Rolle mehr. Mit dem Aufkommen der absolutistischen Monarchie (›monarchie absolue‹) trat an die Stelle der Systemkritik die Verhaltenskritik mit der Folge, dass in Frankreich wie sonst nirgendwo in Europa ›politique‹ hinfort mit ungebremstem Karrierewillen, ›Falschheit‹ und ›Korruptheit‹ assoziiert wurde.

Bürger und Mensch. Das Individuum trat in den politischen Raum noch durch eine andere Tür ein: Ein wichtiges Problem der politischen Theorie war das Verhältnis von Bürger und Mensch gewesen. Auf der ethischen Ebene wurde das Problem unter dem Leitbegriff des ›Gewissens‹, auf der politischen Ebene unter den Leitbegriffen ›Opposition‹ und ›Widerstand‹ diskutiert. Immer ging es um die Frage, ob es einen Teil des Individuums gebe, der sich dem politisch verfassten Körper entgegenstellen könne. Dabei

128 Nicolas de Oresme, Le livre de politiques d'Aristote, Paris, A. Vérard, 1489, S. XIII; Loys le Roy, dict Regius, Les Politiques d'Aristote, esquelles est monstrée la science de gouverner le genre humain en toutes espèces d'estats publics, traduictes de grec en françois, 2. Aufl., Paris 1576, S. 37 u. 40 (1. Aufl. 1568).

bewirkten die zunehmende Verselbständigung der Politik als autonomes System, die Stärkung der Empirie und des Individuums, dass ›politische‹ Fragen ab dem 17. Jahrhundert zunehmend öffentlich diskutiert werden konnten, ohne dass dies sofort als Angriff auf die Moral und Ordnung schlechthin angesehen wurde. Dass diese Erweiterung der politischen Diskussionsmöglichkeiten ihrerseits schon bald, und in massiver Form im späteren 18. Jahrhundert, zur moralischen Generalabrechnung mit dem politischen System benutzt wurde, steht auf einem anderen Blatt.

Die neuartigen Möglichkeiten, über Politik zu diskutieren, basierten auch darauf, dass die alte Opposition von Bürger und Mensch in die von Staatsgewalt und Sprachgemeinschaft überführt wurde. Seit dem Ende des 17. Jahrhunderts war das richtende Publikum ein fester Topos und Locke hatte festgestellt, dass die Vergesellschaftung keineswegs bedeutete, dass die Bürger ihre Denkfähigkeit verloren hätten.[129] Natürlich war dieser neue politische Agent, das Publikum, keineswegs immer beliebt, vor allem wenn es sich um Personen handelte, denen man unterstellte, dass ihnen alle Voraussetzungen moralischer und fachlicher Art für das Politikgeschäft fehlten. Ziel derartiger Angriffe waren vor allem die Journalisten. So beklagte man beispielsweise im *Dictionnaire de Trévoux* (1721), dass die »nouvellistes« jetzt alle »politiques« seien und zu allen möglichen Fragen in den Staaten ihr falsches Urteil abgäben. Ständig schimpften sie über die Regierenden.[130]

Eine Durchschlagskraft ganz neuer Qualität erhielt die Kritik politischer Zustände auch deshalb, weil sich im späten

129 Lucian Hölscher, Art. Öffentlichkeit, in: Geschichtliche Grundbegriffe, Bd. 4, S. 413-467, hier S. 439 f.

130 Dictionnaire de Trévoux, 2. Aufl., Trévoux 1721, Bd. 4, S. 732.

17. Jahrhundert die »Öffentlichkeit« von der »Meinung vieler« zur »Meinung der Allgemeinheit« wandelte, vor der sich in Zukunft jede Politik zu rechtfertigen hatte.[131] Ob es sich bei dieser ›öffentlichen Meinung‹ prinzipiell um die Stimme aller Bürger handelte oder um eine von einer aufklärten Elite geführte Stimmung blieb jedoch offen und eine schwere Hypothek für die Zukunft.

Bürgertugend, Naturrecht, Republikanismus und Politikbegriff. In der europäischen Geistesgeschichte gibt es seit der klassischen Antike die Vorstellung einer Bürgertugend, ohne die das Gemeinwesen nicht existieren kann. Die *res publica* bedürfe des sich ihr verpflichtenden Bürgers, der seinerseits in der selbstlosen, tugendhaften Übernahme öffentlicher Ämter und Verpflichtungen seine höchste Daseinserfüllung finde.[132] Dieses Konzept stand in Spannung zur christlichen Vorstellung von der Erbsünde. Nach den Theologen im Gefolge des Augustinus konnte man überhaupt nicht von ›Tugend‹ in Bezug auf die *civitas terrena* sprechen. Umgekehrt bestritten seit Machiavelli zahlreiche Verfechter der bürgerlichen ›virtù‹, dass die christlichen Tugenden wie Milde, Nächsten- und Feindesliebe überhaupt geeignet seien, ein Gemeinwesen mit der notwendigen Stärke zu erfüllen.[133] »Il faut donc bien distinguer la morale religieuse de la morale politique: la premiere fait des saints, l'autre des citoyens«, schrieb 1756 der Vulgarisator der Aufklärung, der Baron von Holbach (1723-1789).[134] Für Edward

131 Hölscher, Art. Öffentlichkeit, S. 450.

132 Vgl. John G.A. Pocock, The Machiavellian Moment. Florentine Political Thought and the Atlantic Republican Tradition, Princeton 1975, S. 552.

133 Ebd., S. 492.

134 Paul-Henri d'Holbach, Le Christianisme dévoilé, London 1756, S. XVII.

Gibbon (1737-1794) hatte das Christentum gar den Untergang des Römischen Reiches bewirkt. Das Konzept einer ›politischen Tugend‹ des Bürgers stand, wie John Pocock dargelegt hat, seit dem Florenz des ausgehenden 15. Jahrhunderts im Zentrum eines Bürgerhumanismus, dessen Wirkung bis in die englische politische Theorie des 17. Jahrhunderts und in das amerikanische Selbstverständnis der Revolutionszeit hineinreichte.[135] Der Kreis derer, die zu diesen Bürgern gerechnet wurden, variierte, die Bedingungen der Zugehörigkeit veränderten sich; teils waren es alle waffentragenden Männer, teils nur die Landbesitzer. Immer aber war es eine begrenzte, nach bestimmten Kriterien ausgewählte Anzahl. Erst ab Mitte des 18. Jahrhunderts demokratisierte sich die ›vertu politique‹: Sie wurde zu einer Anforderung an alle Bürger. Vor allem in der französischen Aufklärung wurde dieser neue Republikanismus häufig reflektiert. Jedermann sei Teil des Gemeinwesens, berufen, sich für dessen Wohl einzusetzen, und auch hierzu befähigt. Zugleich sei er mit unveräußerlichen Rechten ausgestattet. Naturrecht und Patriotismus bedingten sich gegenseitig. Der Artikel »Autorité politique« der *Encyclopédie* stellte 1751 deshalb als direkte Antwort auf die ›Politica christiana‹ der göttlichen Herleitung der königlichen Gewalt die Freiheit »als Gabe des Himmels« gegenüber.[136]

Bald darauf, im Jahr 1773, prägte der Baron von Holbach den Begriff der »politique naturelle«.[137] ›Natur‹ war der aufklärerische Integrationsbegriff schlechthin, in den sich

135 Pocock, Machiavellian Moment, passim.

136 Encyclopédie, Bd. 1, Paris 1751, S. 898-900.

137 [Paul Henri Dietrich, Baron d'Holbach], La politique naturelle, ou Discours sur les vrais principes du gouvernement par un ancien magistrat, 2 Bde., London 1773.

nun auch die ›politique‹ einschrieb. Der Mensch, so der Baron, sei auf die Gesellschaft angewiesen, deshalb müsse er seine Interessen mit denen der Gesellschaft abstimmen. Die Kenntnis der Pflichten nannte er »morale«, die »vertu« bestehe in der »utilité générale«.[138] Dieser kritische und naturrechtlich verankerte Politikbegriff konnte auch auf die Außenpolitik übertragen werden. Zwischen den Nationen sollten ebenfalls die Gesetze der Natur gelten, das heißt ein Mächtegleichgewicht, wodurch die gegenseitigen Rechte genauso wie die Pflichten der Moral gewährleistet seien.[139]

Die naturrechtliche Semantik der ›Politik‹ war janusgesichtig: kritisch die Gegenwart beschreibend und normativ die Zukunft herbei argumentierend.[140] Sie war der Vernunft und Moral verpflichtet. Demgegenüber waren die »politique« und die »négociations« des alten Stils, wie Mirabeau der Ältere schrieb, gleichbedeutend mit den »intrigues des cours« und den »projets des Princes«.[141] Die Revolution sah sich als Erfüllung der neuen, naturrechtlich geleiteten ›Politik‹ und zugleich in ständigem Kampf mit den alten Mächten. Jeder Bürger solle an der neuen Ordnung teilnehmen, notfalls sein Leben für sie opfern. Die politische Karriere – ein Begriff der Revolutionszeit – stand jetzt nicht mehr nur wenigen offen, sondern sollte nun, so Marat, Cicero korrigierend, für jedermann die vornehmste Beschäftigung sein.[142]

138 Ebd., Bd. 2, S. 275 f.
139 Ebd., S. 248.
140 Vgl. Leonhard, Politik, S. 80 f.
141 Victor de Mirabeau, L'Ami des hommes ou traité de la Population, 6 Teile, Avignon 1756-1760, Teil 3, S. 90.
142 Marat, L'Ami du Peuple, Paris 1790 (2), S. 5.

5. Der Politikbegriff in der Frühen Neuzeit

Die Semantik des Politikbegriffs veränderte sich in der Frühen Neuzeit nicht linear. Ältere Traditionen blieben bestehen, neue Bedeutungen mussten sich erst durchsetzen. Die ›Politica christiana‹ und der Paternalismus blieben bis zum Ende des Ancien Régime wichtig für das Selbstverständnis vieler Monarchien. Die Vertragstheorie fand umgekehrt keineswegs nur Zustimmung. Insgesamt lässt sich die Semantik der Politik zwischen Reformation und Revolution als ein hochkomplexes Netz von sich gegenseitig reflektierenden Standpunkten beschreiben. Die Gleichzeitigkeiten des Ungleichzeitigen ständig vor Augen habend, kann man gleichwohl, jeweils das Neue akzentuierend, holzschnittartig folgende Entwicklungslinie skizzieren: Der europäische Politikbegriff befreite sich zu Beginn der Frühen Neuzeit von einem geschlossenen religiös-moralischen Weltbild und wurde zu einem Begriff der situativen Nutzenmaximierung in verschiedenen Handlungsfeldern. Mit dem Aufkommen der Vertragstheorie veränderte sich seit dem Ende des 16. Jahrhunderts auch das Verhältnis des Individuums zum politischen Gemeinwesen. Dieses leitete nun seine Existenzberechtigung aus den Interessen der Bürger ab und wurde damit prinzipiell als auflösbar und veränderbar begriffen, sollte es seinen Zwecken nicht genügen. Das säkulare Naturrecht band in einem weiteren Schritt die ›Politik‹ erneut in einen universellen Rahmen ein. Fortan standen sich zwei Politikbegriffe gegenüber: ein älterer, der die Maximierung des individuellen Nutzens betonte, und ein neuerer, der die Verwirklichung der Rechte und des Glücks der Menschen postulierte. Diese Gegenüberstellung wurde mit der Französischen Revolution nicht nur in Frankreich, sondern auch in Deutschland verzeitlicht und den Epochen des Despotismus und der neuen Ordnung zugewiesen.[143] Allerdings konnten die beiden Bedeutungsvarianten auch aktuelle Diskussionen und Entscheidungsprozesse betreffen. Die Spannung zwischen diesen beiden Begriffsvarianten bestimmte dabei sowohl die politische Theorie als auch die politische Praxis.

Das 18. Jahrhundert hat diese Spannung semantisch nicht auflösen können. Hierzu wäre es erforderlich gewesen, das Aushandeln unterschiedlicher Standpunkte selbst als ›Politik‹ zu bezeichnen und Interessenkonflikte als legitim, ja als notwendig zu begreifen. Eine solche Auffassung begann sich selbst im englischen Parlament des 18. Jahrhunderts allenfalls erst zögernd herauszubilden. Dort wurde zwar über Politik geredet, aber noch war es nicht so weit, dass das Parlament sich selbst konsequent als Agenten der ›Politik‹ und den eigenen Meinungsstreit als das Wesen von ›Politik‹ begriff. Ebenso wenig wurde bis zum Ende des Ancien Régime die Legitimität konkurrierender Parteiungen innerhalb der Gesellschaft schon als unzweifelhaft ›politisch‹ notwendig begriffen. ›Politik‹ im Sinne eines Ausgleichs widerstreitender Interessen blieb sogar in England, und weit mehr noch auf dem europäischen Kontinent, eine zu füllende semantische Leerstelle.

143 Vgl. Sellin, Politik, S. 842.

IV. Moderne

1. Erweiterungen des semantischen Felds

Wie für so viele andere Grundbegriffe waren die Jahrzehnte um und nach 1800 für den Politikbegriff und sein semantisches Feld eine Phase beschleunigter Veränderungen. In der deutschen Staatenwelt – auf diese konzentriert sich der dritte Teil unseres Essays – war seit der Französischen Revolution nicht nur öfter als zuvor von politischen Dingen die Rede, es sprachen auch immer mehr Leute mit, und sie ließen sich trotz wiederholter Verbote nicht davon abbringen. Politik betraf nun tatsächlich, wie es in der Theorie schon immer geheißen hatte, das große Ganze. Sie ging alle Bürger an, alle jedenfalls, soweit sie gewisse Voraussetzungen erfüllten: hinreichend gebildet, materiell wohlsituiert und – meistens – männlichen Geschlechts zu sein. Sogar »ein politisches Massenbewußtsein« glaubten einige Aktivisten in den Jahren vor 1848 schon entdecken zu können.[144] Das mögen übertriebene Hoffnungen gewesen sein. Die Furcht vor der »revolutionären Politik«, die Zensur der »öffentlichen Blätter politischen Inhalts«, der Kampf gegen die »Vereine, welche politische Zwecke haben,« trieben jedoch auch Deutschlands Kabinette, allen voran dasjenige Metternichs, beständig um.[145]

144 Ludwig Walesrode an Johann Jacoby, 25.8.1843, in: Johann Jacoby, Briefwechsel, 1816-1849, hg. v. Edmund Silberner, Hannover 1974, S. 209.

145 Vortrag Metternichs für Kaiser Franz I., 1829, in: Elisabeth Droß (Hg.), Quellen zur Ära Metternich, Darmstadt 1999, S. 130; Beschluss der Bundesversammlung, 21.10.1830, in: ebd., S. 134; Bundesbeschluss, 5.7.1832, in: ebd., S. 184.

Insofern war der Eindruck einer fortschreitenden Politisierung beidseitig.

Dafür, dass Politik in aller Munde war, wurde um den Begriff selbst erstaunlich wenig gestritten. Man verwendete das Politikvokabular eher beiläufig. Erklärungen, was es bedeutete, gab es jenseits der Lexika bis ins späte 19. Jahrhundert selten. »Politisch ist, was zu dem allgemeinen Wohl etwas beiträgt oder beitragen soll«, so schrieb Johann Gottfried Seume, als er sich gegen den vorausgeahnten Vorwurf wehrte, sein Buch könne »zu politisch« sein.[146] Mehr als derartige Banalitäten waren kaum zu finden. Selbst ein Gelehrter wie Friedrich Christoph Dahlmann verzichtete in seinem Werk *Die Politik* (1835) auf eine Definition des Titelbegriffs und begann sogleich mit Ausführungen über den Staat.[147] Ebenso wie der Liberale Dahlmann verkündete auch der Konservative Adam Müller, dass »alle gründliche Forschung im Gebiete der Politik« um die Erkenntnis des Staates kreise.[148] Politik als Wissenschaft galt dem Staat, denn er repräsentierte das Allgemeine. Das war parteiübergreifend Konsens im Deutschland des 19. Jahrhunderts und wohl nirgends in Europa war die Fixierung des Politikbegriffs auf den Staat so ausgeprägt wie hier.

146 Johann Gottfried Seume, Mein Sommer (1805), zit. nach Hans J. Schütz, Vernunft ist immer republikanisch. Texte zur demokratischen Tradition in Deutschland, 1747-1807, 2. Aufl., Modautal-Neunkirchen 1980, S. 315.

147 Friedrich Christoph Dahlmann, Die Politik, auf den Grund und das Maaß der gegebenen Zustände zurückgeführt (1835), hg. v. Wilhelm Bleek, Frankfurt/Main 1997.

148 Adam Müller, Von der Nothwendigkeit einer theologischen Grundlage der gesammten Staatswissenschaften (1819), zit. nach Hartwig Brandt (Hg.), Restauration und Frühliberalismus 1814-1840, Darmstadt 1979, S. 243.

Politik war indes nicht nur eine gelehrte, an antike und alteuropäische Traditionen anknüpfende Disziplin. Daneben existierte in Deutschland seit dem 16. Jahrhundert, wie gezeigt, ein Begriff von Politik als Betätigung: als Kunst, sich in den verschiedensten Sphären des Lebens klug zu verhalten. Diese praktische Politik der Individuen war keineswegs auf die Fürsten und ihre Kabinette beschränkt. So war es möglich, von einer »Politik des Bürgers«, einer »Politik des Adels« oder auch einer »ärztlichen Politik« zu sprechen, die sich auf den jeweiligen Verkehrskreis bezogen, nicht auf das Gemeinwesen im Großen.[149] Dieser ständisch oder beruflich begrenzte Begriff von Politik als geschicktes Sich-Verhalten war seit dem Ende des 18. Jahrhunderts auf dem Rückzug. Im 19. Jahrhundert war er in Deutschland nur noch selten anzutreffen. Wenn »Politik als Handlungsbegriff«[150] verwendet wurde, so war damit nun in aller Regel das gemeint, was wir heute darunter verstehen: ein auf öffentliche Belange gerichtetes Handeln. Man könnte zugespitzt formulieren, dass sich der Politikbegriff (im Sinne von Politik als Handeln) an der Schwelle um 1800 entprivatisierte. Er bezog sich fortan allein auf die *res publica*.

149 Johann Georg Schlosser, Die Staats-, Geburts- und Berufsstände (1777), zit. nach Zwi Batscha / Jörn Garber (Hg.), Von der ständischen zur bürgerlichen Gesellschaft, Frankfurt/Main 1981, S. 99. Zur »ärztlichen Politik«: Tobias Weidner, Abneigung und Aneignung. Die Mediziner und das Politische im langen 19. Jahrhundert, Diss. Bielefeld 2011, S. 57-75 (erscheint 2012 unter dem Titel »Die unpolitische Profession«).

150 Kari Palonen, Politik als Handlungsbegriff. Horizontwandel des Politikbegriffs in Deutschland 1890-1933, Helsinki 1985; ders., The Struggle with Time. A Conceptual History of ›Politics‹ as an Activity, Münster 2006.

In den deutschen Staaten des frühen 19. Jahrhunderts waren es weiterhin vor allem die Fürsten, Minister und hohen Beamten, die für das große Ganze Politik trieben. Einfache Landadlige, Stadtbürger, Fabrikanten, Professoren, Advokaten, Studenten oder gar Handwerksgesellen, Bauern und insgesamt die Frauen hatten vorerst nur wenig Gelegenheit, sich jenseits des lokalen Rahmens als politisch Tätige zu beweisen. Öffentliche Feiern, die der Zensur unterworfene Presse, die tatsächlich oder vermeintlich ›politischen‹ Vereine, schließlich die nach 1815 in einigen deutschen Staaten errichteten landständischen Vertretungen: viel mehr bot sich ihnen nicht. Jenseits davon blieben, ausnahmsweise, politisch motivierte Attentate, Aufruhr oder ritualisierte Gewalt. Für den Alltag gab es sonst nur das »leere politische Geträtsche«, wie der politisch engagierte Katholik Joseph Görres es abfällig nannte, ein »ewiges Politisieren«, das selbst einen politisch interessierten Schriftsteller wie Nikolaus Lenau »die Politik« als »wirklich etwas Ekelhaftes« ansehen ließ.[151] Derartige Äußerungen würde man heute als Politikverdrossenheit bezeichnen. Es wäre jedoch verfehlt, aus ihnen eine grundsätzlich unpolitische Haltung derer, die sich so äußerten, oder der Deutschen schlechthin abzuleiten. Eher sprach aus ihnen eine Unzufriedenheit mit den fehlenden politischen Entfaltungsmöglichkeiten und mit der Monopolisierung der wirklichen, der tätigen Politik bei den Fürsten und beim Staat.

Für den deutschen Politikbegriff hatte die Tatsache, dass er bis ins späte 19. Jahrhundert in erster Linie die Vorstel-

151 Joseph Görres, Die teutschen Zeitungen (1814), zit. nach Brandt (Hg.), Restauration, S. 113; Nikolaus Lenau (1832), zit. nach Gordon A. Craig, Die Politik der Unpolitischen. Deutsche Schriftsteller und die Macht 1770-1871, München 1993, S. 155.

lung obrigkeitlichen Handelns hervorrief, bedeutsame Folgen. Die Erwartungen, die deutsche Fürsten, Minister und Staatsbeamte an ihre Politik anlegten, waren vergleichsweise hoch. Ebenso nachhaltig war die Enttäuschung der Untertanen, wenn sich die versprochenen Erfolge nicht einstellten. Semantisch spiegelte sich die schon seit dem 18. Jahrhundert stetig steigende Selbst- und Fremdzumutung an die obrigkeitliche Politik in der Erfindung von immer mehr Bereichs-Politiken. Deren zunehmende Zahl wiederum verstärkte die Auffassung, dass Politik für alles verantwortlich sein müsse. Maria Theresias Staatskanzler Kaunitz-Rietberg pflegte in seinen Denkschriften um 1760 die »in das politicum und die policey einschlagende geschäften« noch einzeln aufzuzählen.[152] Ähnlich unterschied auch der preußische Reformminister Altenstein im Jahr 1807 noch recht umständlich zwischen den »für äußere Verhältnisse, d.i. die politischen Grundsätze dieses Staats sowie die Administration oder Leitung des Innern« und für die »innere Polizei«, und hier besonders die »Erziehungs- und Unterrichtspolizei«, maßgeblichen Gesichtspunkten.[153] Sein Kollege Süvern forderte um die gleiche Zeit schon »die Politik« ohne nähere Spezifizierung dazu auf, »auf's Höchste von sich und ihrer Bestimmung zu denken«, denn der »echte Staatskünstler« sei »Erzieher im Großen, Vorsteher der großen Bildungs-Anstalt der Menschheit.«[154]

152 Graf von Kaunitz-Rietberg, Denkschrift vom 17.11.1761, in: Harm Klueting (Hg.), Der Josephinismus. Ausgewählte Quellen zur Geschichte der theresianisch-josephinischen Reformen, Darmstadt 1995, S. 73.

153 Denkschrift Altensteins für Hardenberg, 11.9.1807, in: Karl-Ernst Jeismann (Hg.), Staat und Erziehung in der Preußischen Reform 1807-1819, Göttingen 1969, S. 15 f.

154 J.W. Süvern, Vorlesungen über Geschichte (1808), in: ebd., S. 73.

Während sich der übergreifende Begriff der Politik mit weitreichenden Zukunftserwartungen aufzuladen begann, schritt unterhalb davon die Ausdifferenzierung in spezielle Politikfelder voran. Um 1820 waren »Handelspolitik« und »Kolonialpolitik« bereits geläufige Ausdrücke, so in Alexander von Humboldts Beschreibung seiner Reise nach Südamerika.[155] Seit der Mitte des 19. Jahrhunderts wurde es üblich, neben »innerer« und »äußerer Politik« auch den beide zusammenfassenden Terminus »Staatspolitik« zu verwenden,[156] um damit die klassischen Kernbereiche des Staatshandelns von den untergeordneten Feldern wie Handels-, Finanz-, Sozialpolitik usw. abzuheben. Die ältere Unterscheidung zwischen auswärtiger ›Politik‹ und innerer, für Sicherheit und Wohlfahrt sorgende ›Policey‹ war damit um die Mitte des 19. Jahrhunderts hinfällig geworden. An ihre Stelle trat das Bild einer allgemeinen Staatspolitik, die, ergänzt um die Bereichs-Politiken, für potentiell allzuständig erklärt wurde.

Eine weitere Besonderheit unterstützte die Suggestion der Allkompetenz: Nicht selten nahm ›die Politik‹ im deutschen Sprachgebrauch den Charakter eines übermächtigen Als-ob Subjekts an, hinter dem die eigentlichen Akteure im Verborgenen blieben. Süverns bereits zitierte Anrufung ›der Poli-

155 Alexander von Humboldt, Reise in die Aequinoctial-Gegenden des neuen Continents, Dritter Theil (1820), Studienausgabe, hg. v. Hanno Beck, Bd. II, Teilbd. 2, Darmstadt 1997, S. 44.

156 Beispiele: Karl Grün, Politik und Sozialismus, in: Rheinische Jahrbücher zur gesellschaftlichen Reform, Bd. 1, 1845, ND Glashütten 1975, S. 121 (»Geschichte der sogenannten inneren Politik«); Joh. G.A. Wirth, Die politische Reform Deutschlands (1832), zit. nach Brandt (Hg.), Restauration, S. 326 (»äußere Politik«); David Hansemann, Preußen und Frankreich (1834), in: ebd., S. 267 (»höhere Staatspolitik«).

tik‹ ist ein frühes Beispiel, aber auch bei anderen Zeitgenossen finden sich entsprechende Äußerungen. Der junge Hegel war einer von ihnen. Schon in seiner Schrift über die Verfassung Deutschlands (1802) zeigte er die Tendenz, abstrakte Begriffe sprachlich in die Position handelnder Subjekte zu rücken, etwa wenn er schrieb, dass »Politik, Religion, Not, Tugend, Gewalt, Vernunft, List und alle Mächte, welche das menschliche Geschlecht bewegen, auf dem weiten Schlachtfelde, das ihnen erlaubt ist, ihr gewaltiges, scheinbar ordnungsloses Spiel« trieben.[157] Hier bereits war das Einrücken ›der Politik‹ in die Subjektposition mehr als nur eine, vermutlich durch Übersetzungen aus dem Französischen ins Deutsche gelangte, grammatikalische Zufälligkeit. Dahinter schien eine Geschichtsphilosophie hervor, die schicksalhaften anonymen Mächten eine Gewalt über menschliches Handeln zuschrieb. Nicht zuletzt durch Hegels Einfluss verfestigte sich in der Folge das Sprachmuster, ›die Politik‹ als eine anonyme Potenz anzusprechen. Napoleons angeblicher Ausspruch »die Politik ist das Schicksal« in seiner Erfurter Begegnung mit Goethe (1808) tat ein Übriges, um es populär zu machen.[158]

Noch einmal: Dieses Sprachmuster war mehr als eine zufällige Pathosformel; vielmehr erfüllte es in der politischen Auseinandersetzung eine konkrete Funktion. Bis heute pflegen Kommentatoren in deutschen Massenmedien pauschal ›die Politik‹ anzurufen, wenn etwas im Argen liegt. ›Die Politik‹ soll endlich handeln, sie soll es richten, und wenn

157 G. W. F. Hegel, Die Verfassung Deutschlands (1802), Werke, hg. v. Eva Moldenhauer u. Karl Markus Michel, Bd. 1, Frankfurt/Main 1971, S. 517.

158 Vgl. Gustav Seibt, Goethe und Napoleon. Eine historische Begegnung, München 2008, S. 121-135, das Zitat ebd., S. 126.

etwas schief läuft, ist sie daran schuld. Wer hier aber verantwortlich sein soll, wird durch diese Redeweise gerade verwischt. Und eben darin liegt ihr praktischer Sinn: Das Sprachmuster erlaubt es, hohe Erwartungen zu formulieren, ohne diejenigen, die sie umsetzen sollen, namhaft zu machen. Es erhöht den Zumutungsdruck auf Politik generell, entlastet aber zugleich die einzelnen Akteure davon, sich zuständig fühlen zu müssen.

Politik als Form menschlichen Handelns, die Politik selbst als imaginäres handelndes Subjekt: in beiden Fällen sind die Gebiete, auf die sich das Handeln bezieht, variabel. Alles kann zum Objekt politischen Handelns werden und alles ist – so gesehen – politisierbar. Die Erfindung der Bereichs-Politiken war ein Weg, dies sprachlich zum Ausdruck zu bringen. Ein anderer war die transitive Verwendung des Verbs ›politisieren‹ und des Substantivs ›Politisierung‹. Im 19. Jahrhundert überwog bei weitem die intransitive Verwendung: Man ›politisierte‹, das heißt man redete über Politik. Der transitive Gebrauch war möglich, aber vor 1900 selten. Ein früher, allerdings aussagekräftiger Beleg stammt von Karl Gutzkow, einem Exponenten der vormärzlichen Bewegung des Jungen Deutschland: »Die Notwendigkeit der Politisierung unserer Literatur ist unleugbar.« So forderte er 1832 in einer anonym publizierten, in Preußen noch im gleichen Jahr verbotenen literarischen Briefsammlung.[159] Es ist bemerkenswert, dass hier die Politisierung einmal nicht ›von oben‹, sondern von den tätigen Bürgern, in diesem Fall den Akteuren im literarischen Feld, ausgehen sollte. Gutzkow nahm damit eine Redeweise vorweg, die um

159 Karl Gutzkow, Briefe eines Narren an eine Närrin (1832), zit. nach Jost Hermand (Hg.), Das Junge Deutschland. Texte und Dokumente, Stuttgart 1998, S. 101.

1900 in Deutschland gerade unter Literaten, aber nicht nur bei diesen, schlagartig Konjunktur gewann.[160] Erst an der Wende zum 20. Jahrhundert wurde die Tatsache, dass alles Mögliche politisiert werde, explizit zum Gegenstand kritischer Diskussionen und damit für breitere Kreise als Problem bewusst.

Neben der Erfindung der Bereichs-Politiken und dem erst im 20. Jahrhundert häufigeren Begriff der ›Politisierung‹ war das unscheinbare Adjektiv ›politisch‹ das wichtigste Medium, mittels dessen eine Bewegung vorangetrieben wurde, die man rückblickend als die expansive Tendenz des Politischen in der Moderne beschreiben kann. Indem sich das Adjektiv ›politisch‹ im Laufe des 19. und 20. Jahrhunderts mit immer neuen Themen, Personen, Eigenschaften oder abstrakten Begriffen verband, trug es – durch den Sprechakt der Benennung von etwas als ›politisch‹ – unmittelbar zur Politisierung des jeweiligen Gegenstands bei. Man sollte sich diesen Vorgang freilich nicht als linearen Prozess, sondern eher als wellenförmige Bewegung vorstellen. Manches wurde durch die adjektivische Verbindung politisiert, anderes durch ihren Wegfall wieder entpolitisiert. Eine Entpolitisierung auf Dauer scheint jedoch in der durch vielfältige offene Kommunikation gekennzeichneten modernen Welt unwahrscheinlich. Ein Objekt oder Thema, dem einmal ›politische‹ Qualität zugesprochen wurde, dürfte diese Qualität so leicht nicht auf Dauer verlieren.

Es ist schon öfter bemerkt worden, dass der deutsche Politikbegriff, verglichen mit der englischen Trias von ›policy‹, ›politics‹ und ›polity‹, spätestens seit dem ausgehenden 18. Jahrhundert eine Ambivalenz in sich trägt. Er verweist

160 Vgl. Sabine Marquardt, Polis contra Polemos. Politik als Kampfbegriff der Weimarer Republik, Köln 1997, S. 59-84.

nicht nur auf ein potentiell alle Lebenswelten durchdringendes Handeln (›policy‹), vielmehr kann er auch eine von anderen Wirklichkeitsbereichen abgehobene Sphäre meinen (›politics‹).[161] Gängige Formeln wie ›im politischen Leben‹, ›in der politischen Welt‹ oder ›in der Politik‹ drückten im 19. Jahrhundert diese räumliche Bedeutungskomponente aus. Die bis heute verbreitete Auffassung, dass ›Politik‹ ein besonderer Raum, ein relativ autonomes System mit eigenen Gesetzlichkeiten, Funktionen und Verhaltenscodes sei, steht in einem gewissen Kontrast zur Annahme der sämtliche Lebensbereiche transzendierenden Qualität politischen Handelns. Die Vorstellung von Politik als Sphäre eigener Art neben Religion, Recht, Wirtschaft, Wissenschaft und Kultur besaß in Deutschland einige Plausibilität. Der Staat selbst trug ihr durch die Einrichtung entsprechender Ministerien oder Abteilungen Rechnung, und die universitären Disziplinen unterstützten die jeweiligen Autonomieansprüche durch die Ausbildung »gepflegter Semantiken«, um einen Terminus von Niklas Luhmann aufzugreifen.[162] Im letzten Drittel des 19. Jahrhunderts kam hinzu, dass sich die Politik, verstanden als Sphäre, zunehmend professionalisierte. Die Regierungs- und Verwaltungsapparate sowie die zwar mindermächtigen, aber doch unumgänglich gewordenen Parlamente und Parteien bildeten ihr institutionelles Zentrum und verstärkten das räumliche Deutungsmuster von Politik.

In Opposition zu dieser abgehobenen Sphäre der zunächst höfisch-bürokratischen, dann auch parlamentari-

161 Vgl. Palonen, Struggle with Time, S. 13 f., 44 ff., 124 ff. Als Äquivalent für ›polity‹ müsste man im Deutschen das Gemeinwesen ansehen.

162 Niklas Luhmann, Gesellschaftsstruktur und Semantik, Bd. 1, Frankfurt/Main 1980, S. 19 f.

schen Berufspolitik bildete sich in Deutschland – als weitere Besonderheit des Sprachgebrauchs – schon relativ früh die Wortprägung ›das Politische‹ aus.[163] Wirklich scharf gefasst wurde der begriffliche Gegensatz zwischen der professionellen, meist abschätzig betrachteten ›Politik‹ einerseits, ›dem Politischen‹ als einem nicht an bestimmte Institutionen gebundenen Modus oder Intensitätsgrad menschlicher Existenz andererseits, bekanntlich erst in der Weimarer Republik, vor allem durch den Staatsrechtler Carl Schmitt.[164]

Die Wortbildung selbst, der Ausdruck ›das Politische‹, gewann jedoch in Deutschland schon um 1800 durchaus eine eigene, wenn auch noch instabile Bedeutungsqualität. Friedrich Schiller gebrauchte ihn an prominenter Stelle in seinen Briefen *Über die ästhetische Erziehung des Menschen* (1795) sowie in seinem Gedichtentwurf über *Deutsche Größe* (1797).[165] Wilhelm von Humboldt verwendete ihn des Öfteren in seinen privaten Briefen.[166] Ernst Moritz Arndt nutzte ihn in seiner politischen Kampfschrift *Über künftige ständische Verfassungen* (1814).[167] Und in Hegels *Grundlinien der Philosophie des Rechts* (1821) findet man

163 Die entsprechenden Wortbildungen ›le politique‹ und ›the political‹ sind auch im Französischen und Englischen nachweisbar, jedoch erst später.

164 Vgl. zu den Theoriedebatten bis zur Gegenwart: Oliver Marchart, Die politische Differenz, Berlin 2010.

165 Friedrich Schiller, Über die ästhetische Erziehung des Menschen in einer Reihe von Briefen (1795), hg. v. Stefan Matuschek, Frankfurt/Main 2009, S. 34 f.; ders., Deutsche Größe (1797), Werke, hg. v. Joachim Müller, Bd. 1, Weimar 1957, S. 243.

166 Wilhelm von Humboldt, Aus Briefen und Tagebüchern, hg. v. Rudolf Freese, Darmstadt 1986, S. 234 (an Schiller, 24.10.1797), S. 252 (an Goethe, Frühjahr 1798), S. 577 (an Karoline, 1.1.1814).

167 Ernst Moritz Arndt, Über künftige ständische Verfassungen (1814), in: Brandt (Hg.), Restauration, S. 87-96.

bereits Ansätze zu seiner Terminologisierung, indem er das Politische als »den Standpunkt der *höchsten konkreten Allgemeinheit*« definiert.[168] Hier sei nur auf Arndt kurz eingegangen. Er kritisiert, dass besonders »in kleinen und schmalen Staaten der Hof und die Verhältnisse und Einflüsse des Hofes [...] das Bürgerliche und Politische allenthalben überschatten und befangen«. Indem Arndt das Politische mit »edlem Stolz und Freimut« sowie »lebendigem Wettstreit« assoziiert und in der bürgerlichen, »der politischen Gesellschaft« ansiedelt, kommt er der späteren begrifflichen Kontrastierung zwischen einer negativ bewerteten, staatlichen (bei ihm noch höfischen) Sphäre der ›Politik‹ und der durch aktiven Streit geprägten sozialen Daseinsform des ›Politischen‹ schon recht nahe.[169]

In den Jahrzehnten um 1800, so lässt sich resümieren, differenzierte sich die deutsche Politikbegrifflichkeit dergestalt aus, dass wesentliche, bis in unsere Gegenwart reichende Konfliktlinien erkennbar wurden. Zwei dieser Konfliktlinien werden nun in ihrer semantischen Entfaltung etwas näher beleuchtet: zunächst – ausführlicher – die Abgrenzungs- und Primatskämpfe zwischen der Politik und den Autonomieansprüchen anderer Felder von der Religion bis zur Wirtschaft; sodann – kürzer – das in Deutschland viel diskutierte Problem der Privatleute, sich zwischen politischem Engagement und einem Rückzug ins Unpolitische entscheiden zu müssen.

168 G. W. F. Hegel, Grundlinien der Philosophie des Rechts (1821), Werke, Bd. 7, Frankfurt/Main 1970, S. 474 (Hervorhebung im Original).

169 Arndt, Ständische Verfassungen, S. 89, 87, 91.

2. Rangstreitigkeiten: die Politik und andere Mächte

Gleich ob man sich unter ›Politik‹ eine schicksalhafte Macht, eine spezifische Form des Handelns oder eine autonome Sphäre vorstellt: in jedem Fall kommt es zu Abgrenzungskonflikten. Wenn Politik als eine Macht aufgefasst wird, in welchem Verhältnis steht sie zu anderen Mächten mit ähnlich umfassenden Geltungsansprüchen wie Religion und Naturwissenschaft? Wenn Politik ein Handeln sein soll, das sich potentiell auf alles erstreckt, wo liegen dann die Grenzen ihrer legitimen Wirksamkeit? Wie weit darf sie das Recht umgestalten, die Wirtschaft lenken oder der Kunst vorschreiben, was als schön zu gelten habe? Und schließlich: Wenn es zutrifft, dass die Politik sich zu einer Sphäre mit eigenen Regeln, Experten und Institutionen entwickelt hat, ist sie dann noch in der Lage, adäquat auf das zu reagieren, was in anderen, ähnlich ausdifferenzierten Sphären vor sich geht? Sollte sich die Politik damit abfinden, dass Religion, Recht, Wissenschaft, Kunst und Wirtschaft autonome Systeme sind und sich daher von ihrem vermeintlichen Primat verabschieden? Hier kann es nicht darum gehen, diese Fragen normativ oder theoretisch zu beantworten. Unser Ziel ist ein historisches. Es gilt zu klären, wie die beschriebenen Rangstreitigkeiten im Deutschland des 19. und 20. Jahrhunderts sprachlich ausgetragen und durch Semantiken der Über- oder Nebenordnung jeweils für gewisse Zeit zugunsten der einen oder anderen Seite entschieden wurden.

Religion/Politik. Über Jahrhunderte hatte sich in Europa alles menschliche Handeln den Geboten der Religion zu fügen. Ihr Anspruch auf Gehorsam war universal. Politische Herrschaft war nur im Rahmen religiöser Ordnungsentwürfe legitimierbar. Erst im Zuge der frühneuzeitlichen Konfessionskämpfe öffneten sich, wie gezeigt, Spielräume für eine Politik aus eigenem Recht. Spätestens am Ende des 18. Jahrhunderts hatte sich in West- und Mitteleuropa dann das Kräfteverhältnis bereits umgekehrt: Nun war es die Religion, die ihren Freiraum gegen politische Einhegungs- oder Vereinnahmungsversuche verteidigen musste. Ob und wie die Sphären zu trennen seien, wurde fortan zu einem immer neu aufflammenden Problem.

Verschiedene Positionen waren in dieser Frage möglich. Auf der einen Seite standen die Säkularisierer und Kulturkämpfer von Kaiser Joseph II. bis zu Bismarck. Sie hofften, den »Mischmasch von Religion und Politik« entwirren und »Zwitterregimenter« beseitigen zu können, wie ein Sympathisant der josephinischen Reformen es ausdrückte.[170] Auf der anderen Seite hielten Kirchenvertreter, vor allem Katholiken, an der theologischen Lehre fest, dass »es auf Erden zwei Gewalten gebe« und dass »beide Ordnungen nicht getrennt zu sehen, sondern vereint zur Herstellung des großen christlichen Gemeinwesens« von Gott berufen seien.[171] In ganz anderer Weise, nämlich pragmatisch, argumentierte ein Realpolitiker wie Heinrich von Treitschke in der Debatte über Bismarcks Kanzelparagraphen (1871) gegen die Illusion strikter Trennbarkeit. Ihm kam »ein solcher Versuch, der Kirche die Politik ganz zu verbieten, vor wie die Behauptung schlechter Ästhetiker, daß es eine politische Poesie nicht geben dürfe.« Gleichwohl stimmte Treitschke für den Paragraphen, weil er die Missbrauchsgefahr dadurch ge-

170 Benedikt Dominik Anton Cremeri, Sympathien mit Joseph den II. (1784), in: Klueting (Hg.), Josephinismus, S. 341.

171 Aufruf des Vereins der deutschen Katholiken, 8.7.1872, in: Hans Fenske (Hg.), Im Bismarckschen Reich 1871-1890, Darmstadt 1978, S. 84.

bannt sah, dass Geistliche nur unter ihn fielen, wenn sie »den Frieden des Staates« gefährdeten.[172]

Erblickten die Kulturkämpfer des Bismarckreichs in der Religion, in Gestalt der katholischen Kirche, eine Störung, hatten sie manche Politiker des früheren 19. Jahrhunderts eher als »ein höheres Gesetz« begriffen, das die monarchische Ordnung stützen könne. Friedrich Gentz, der Berater Metternichs, glaubte 1819 den politischen »Protestantismus« seiner Zeit, und die Republik als ihr »politisches Evangelium«, nur mit Hilfe der kirchlich verfassten Religion niederhalten zu können.[173] Die bei Gentz hier wie später anklingende polemische Gleichsetzung eines modernen »politischen Fanatismus« mit den Kämpfen der »Religionskriege«[174] verweist auf den eigentlichen Gegenpol zu einem pragmatischen oder kulturkämpferischen, jedenfalls aber die Differenz anerkennenden politischen Umgang *mit* Religion: auf das Konzept der Politik *als* Religion. Ein kritischer Geist wie Gutzkow war sich um 1835, auf den St. Simonismus anspielend, noch unschlüssig, wie man »jene merkwürdigen Erscheinungen, welche die neuere Zeit auf dem Gebiete, man weiß nicht, soll man sagen der Politik oder der Religion, hervorgebracht hat«, beurteilen solle.[175] Ludwig Feuerbach hingegen forderte 1842 klipp und klar: »die Politik

172 Heinrich von Treitschke, Rede im Reichstag, 23.11.1871, in: ebd., S. 70.

173 Friedrich Gentz an Adam Müller, 19.4.1819, in: Brandt (Hg.), Restauration, S. 213 u. 216 f.

174 Friedrich Gentz, Betrachtungen über die politische Lage von Europa (1831), in: ebd., S. 225.

175 Karl Gutzkow, Wally, die Zweiflerin, zit. nach Hermand (Hg.), Das Junge Deutschland, S. 223.

muß unsere Religion werden«.[176] Und der revolutionsbegeisterte Ludwig Bamberger war sich im Mai 1848 sicher: »Die Religion unserer Zeit heißt: Politik und unser Bekenntnis: Freiheit!«[177]

Von den polemischen oder affirmativen Gleichsetzungen des 19. Jahrhunderts nochmals zu unterscheiden ist der von Eric Voegelin in die wissenschaftliche Diskussion eingeführte, auf die totalitären Systeme des 20. Jahrhunderts gemünzte Begriff der »politischen Religion«.[178] Sein Nutzen besteht vor allem darin, die religionsähnliche Macht bestimmter Elemente nationalsozialistischer Inszenierung und Mobilisierung (Messiasglaube, Heilserwartung) analytisch zu fassen. Ob es sich dabei um die bloße Instrumentalisierung religiöser Semantiken durch die Machthaber oder tatsächlichen Glauben handelte, ist ebenso umstritten wie die Frage, ob die Verwendung des Begriffs ›politische Religion‹ nicht als Affront gegen Religionen zu werten sei, die diesen Namen wirklich verdienen.

Das Spektrum der Positionen zum Verhältnis von Religion und Politik reichte somit von der kulturkämpferischen Trennungsforderung über die pragmatische Hinnahme wechselseitiger Eingriffsrechte bei gegenseitigem Respekt bis hin zur völligen Ineinssetzung im Zeichen eines Primats der Politik. Die deutsche Diskussion unterschied

176 Ludwig Feuerbach, Notwendigkeit einer Reform der Philosophie, zit. nach: Reinhart Koselleck u.a., Art. Staat und Souveränität, in: Geschichtliche Grundbegriffe, Bd. 6, Stuttgart 1990, S. 41.

177 Ludwig Bamberger, Die intolerante Toleranz, zit. nach: Werner Conze/Helga Reinhardt, Art. Fanatismus, in: Geschichtliche Grundbegriffe, Bd. 2, Stuttgart 1975, S. 325.

178 Eric Voegelin, Die politischen Religionen, Wien 1938.

sich darin nicht prinzipiell von derjenigen in vielen anderen europäischen Staaten.

Recht/Politik. Anders als im Fall der Religion war die Tatsache, dass die jurisdiktionelle und politische Gewalt funktional verschieden und institutionell zu trennen seien, schon lange vor 1800 theoretisch wie praktisch anerkannt. Dabei ist es bis heute geblieben, sogar – zumindest dem Anschein nach – im nationalsozialistischen »Doppelstaat«.[179] Über den jeweiligen Grad der Autonomie, über Kompetenzgrenzen und wechselseitige Kontrollbefugnisse wurde dennoch stets gestritten.

Mit dem Ende des Alten Reichs und angestoßen durch die napoleonische Herausforderung traten in den deutschen Staaten zwei Themen ins Zentrum der Auseinandersetzung: die Frage des Vorrangs von öffentlichem Recht oder Privatrecht und der Streit um den Sinn einer umfassenden Kodifikation. Der in Berlin lehrende Jurist Friedrich Carl von Savigny verknüpfte in seiner berühmten, gegen seinen badischen Kontrahenten Thibaut gerichteten Schrift von 1814 beide Themen in einer Weise miteinander, die den weiteren Verlauf der Debatte nachhaltig bestimmen sollte. Prägend wurde vor allem, dass Savigny »das *politische* Element« des Rechts einem »Volksleben« zuordnete, das er in einer fernen Vergangenheit ansiedelte, während er mit Blick auf die Gegenwart »das abgesonderte wissenschaftliche Leben des Rechts« als »das *technische* Element desselben« in die Obhut der gelehrten Juristen gegeben sah. Den Gesetzgebern seiner Zeit, die bestehendes Recht abändern wollten, weil sie »höhere politische Zwecke« verfolgten, hielt er vor, dass ihre

179 Ernst Fraenkel, Der Doppelstaat. Recht und Justiz im »Dritten Reich«, Frankfurt/Main 1974 (engl. Orig. 1941).

Gesetze »leicht eine fruchtlose Corruption des Rechts« seien und die »technische Seite des Rechts« missachteten.[180] Positiv konnotiert war das Adjektiv ›politisch‹ bei Savigny mithin nur bezogen auf die Vergangenheit. Die ›politisch‹ motivierte Gesetzgebung der Gegenwart barg hingegen die Gefahr, das Recht durcheinanderzubringen. Wenn es daher galt, das Recht zu systematisieren und zu vereinheitlichen, so oblag dies in den Augen Savignys den gelehrten Juristen, denn diese Arbeit sei »auf jeden Fall ganz technisch«.[181] Damit nahm Savigny schon 1814 vorweg, was im letzten Drittel des 19. Jahrhunderts tatsächlich geschehen sollte: Die Herstellung der nationalen Rechtseinheit durch die großen Kodifikationen des Kaiserreichs bis hin zum Bürgerlichen Gesetzbuch (1900) vollzog sich zwar im Auftrag des Staates und mit Billigung der politischen Instanzen, erfolgte jedoch inhaltlich weitgehend unter der Ägide der juristischen Fachleute.

Mit seiner »Beschränkung des politischen Gesetzgebers« hatte Savigny einen wichtigen »Schritt zum autonomen Privatrecht« unternommen.[182] Die Materien des öffentlichen Rechts aber, also die innere Staatsverfassung, das Verwaltungshandeln, die politischen Bürgerrechte und die Ordnungsgesetzgebung, erschienen Savigny und seinen Zeitgenossen noch nicht einer rein ›technischen‹ Behandlung zugänglich. Dazu waren sie im Vormärz viel zu umstritten. Solange Verfassungen erst zu erkämpfen, solange die De-

180 Friedrich Carl von Savigny, Vom Beruf unserer Zeit für Gesetzgebung und Rechtswissenschaft, Heidelberg 1814, S. 12 (Hervorhebungen im Original) u. 16.

181 Ebd., S. 19.

182 Dieter Grimm, Recht und Staat in der bürgerlichen Gesellschaft, Frankfurt/Main 1987, S. 98; vgl. auch ebd., S. 351-355.

finitionen von politischen Rechten, politischen Vergehen, politischen Vereinen erst festzustellen waren, blieb das Staatsrecht eine ›politische‹ Wissenschaft.

Das begann sich nach 1848/49 zu ändern. Der methodologische Positivismus, also die vom je gegebenen Recht ausgehende, rein ›technische‹ Entscheidung von Streitfragen, hielt nun auch in das deutsche Staatsrecht Einzug.[183] Mit der breiten Akzeptanz des Kaiserreichs in der bürgerlichen Rechtswissenschaft erreichte er dort seinen Höhepunkt, wurde jedoch ab etwa 1900 auch bereits wieder in Zweifel gezogen.

Die Rückzugsgefechte des Positivismus setzten mit der im Symboljahr 1900 erstmals publizierten Staatsrechtslehre von Georg Jellinek ein. Er hielt zwar an der strikten Unterscheidung von juristischer (wissenschaftlicher) und politischer Betrachtungsweise fest, gab aber zu, dass ein »gänzliches Abstrahieren von aller Politik zu leeren Ergebnissen« führe. Walther Schücking, ein Kritiker der positivistischen Lehre, wertete dies bereits als Indiz für eine willkommene »Politisierung der Staatsrechtslehrer«. Hugo Preuß, ebenfalls Antipositivist und später federführend an der Ausarbeitung der Weimarer Reichsverfassung beteiligt, sah dagegen bei Jellinek weiterhin nur eine »Tendenz der politischen Tendenzlosigkeit«.[184]

In der Weimarer Republik verhärteten sich die Fronten. Auf der einen Seite spitzte Hans Kelsen, als Demokrat entschieden auf dem Boden der neuen Ordnung stehend, den

183 Vgl. ebd., S. 361-366.

184 Vgl. Andreas Anter, Politik und Herrschaft: Georg Jellinek, in: Hans J. Lietzmann (Hg.), Moderne Politik. Politikverständnisse im 20. Jahrhundert, Opladen 2001, S. 23-36, die Zitate dort S. 25 f. u. 30.

Positivismus noch einmal zu, indem er Rechtswissenschaft und Gerichte strikt auf die Normen des geltenden Rechts (das Sollen) verpflichtete. Er leugnete zwar nicht, dass die so ermittelten Urteile Implikationen für das politische Leben (das Sein) besaßen und insofern tatsächlich politisch waren. Die juristische Logik sollte davon aber unberührt bleiben. Der politische Kampf gehörte für Kelsen ins Parlament oder in die Öffentlichkeit, nicht in die Urteilsbegründungen der Justiz. Als Staatsbürger war Kelsen mithin keineswegs unpolitisch, aber er plädierte für eine scharfe situative Trennung von normbezogener und politischer Argumentation. Auf der anderen Seite äußerte sich eine wachsende Zahl von Weimarer Staatsrechtslehrern kritisch gegen den Positivismus. Mehrheitlich standen sie der Republik ablehnend gegenüber, nur wenige waren, wie Hermann Heller, aufrechte Demokraten. Die Fronten im juristischen Methodenstreit waren also nicht völlig, aber weitgehend deckungsgleich mit den politischen Parteiungen.[185]

Zum schärfsten Kritiker des Positivismus avancierte gegen Ende der Weimarer Republik Carl Schmitt. Ohne Kelsen beim Namen zu nennen, griff er ihn und seine Vorstellung einer ›reinen‹ Rechtslehre an, wenn er schrieb, dass man heute (1930) »diese Art juristischer Reinheit« durchschaue. »Wir wissen,« so Schmitt,

> »daß es ein spezifisch politischer Kunstgriff ist, sich selbst als unpolitisch und den Gegner als politisch hinzustellen. In Wirklichkeit verhält es sich so, daß eine politische Macht ihre politische Intensität gerade dadurch beweisen kann, daß sie eine bestimmte Lehre oder Methode herrschen läßt.«

185 Vgl. Grimm, Recht und Staat, S. 366-372.

Im vorliegenden Fall handele es sich um »eine Jurisprudenz, deren Sinn und Ziel es ist, den *status quo* zu legitimieren und ihm die Weihe unpolitischer, ›reiner‹ Richtigkeit zu verleihen.«[186] So scharfsinnig Schmitt hier den politischen Hintersinn der gegnerischen, zu diesem Zeitpunkt schon längst nicht mehr herrschenden Lehre aufdeckte, so unzutreffend war es, den Weimarer Positivisten, allen voran Kelsen, vorzuwerfen, sie hätten sich selbst als unpolitisch ausgegeben. Man könnte Schmitts Beobachtung geradezu umkehren: In der späten Weimarer Republik war es zu einem politischen Kunstgriff geworden, *anderen* vorzuhalten, sie beschrieben sich in naiver Weise als ›unpolitisch‹, um dann den *eigenen* Standpunkt als im wohl verstandenen Sinne ›politisch‹ zu markieren.

Nach der nicht zuletzt durch Schmitt gerechtfertigten Politisierung der völkischen Justiz im ›Dritten Reich‹ wurden im Nachkriegsdeutschland allenthalben Rufe nach einer »Entpolitisierung« der Rechtspflege laut.[187] Eine einfache Rückkehr zur formalen Auslegungsmethode erschien aber den meisten Juristen nicht mehr opportun.[188] An kaum einer Stelle wurde die Unvermeidlichkeit der Politik sichtbarer als im neu geschaffenen Bundesverfassungsgericht. Ein Verfassungsrichter der ersten Stunde, Gerhard Leibholz, bezeichnete 1952 das Verfassungsrecht als »im spezifischen

186 Carl Schmitt, Hugo Preuß. Sein Staatsbegriff und seine Stellung in der Deutschen Staatslehre, Tübingen 1930, S. 6.

187 Zur Funktion derartiger Forderungen als »Schutzschild« gegen die Entnazifizierung: Michael Stolleis, Recht im Unrecht. Studien zur Rechtsgeschichte des Nationalsozialismus, Frankfurt/Main 1994, S. 265 f.

188 Vgl. Christian Joerges, Die Wissenschaft vom Privatrecht und der Nationalstaat, in: Dieter Simon (Hg.), Rechtswissenschaft in der Bonner Republik, Frankfurt/Main, S. 311-363, S. 320.

Sinn des Worts politisches Recht«. Zehn Jahre später meinte Rudolf Smend sogar, die Spruchpraxis des Gerichts solle auch »der politischen Erziehung des Bürgers« dienen. Einen »Wegweiser bei der Gratwanderung zwischen Recht und Politik« hat das Gericht, wie seine ehemalige Präsidentin Jutta Limbach 1996 einräumte, indessen bis heute nicht gefunden.[189]

Wissenschaft/Politik. Die Diskussion der deutschen Juristen über das Verhältnis ihrer Wissenschaft und Praxis zur Politik besitzt durchaus paradigmatischen Charakter. So verschieden die Sachgebiete waren, für die jeweils Autonomie und Deutungshoheit behauptet oder bestritten wurde: Auffällig ist, dass die Konjunkturen von Politisierung und Depolitisierung in vielen Wissenschaften parallel verliefen. Am Beispiel der Medizin sollen die Ähnlichkeiten und Unterschiede, ohne hier auf Details einzugehen, kurz nachgezeichnet werden.[190]

Ähnlich wie die Juristen fassten auch die deutschen Mediziner in der ersten Hälfte des 19. Jahrhunderts die revolutionäre oder bürokratisch-absolutistische Politik ihrer Gegenwart in erster Linie als Störung auf. Sie gingen zu ihr auf Distanz, strichen die wissenschaftliche Begründung ihres Tuns heraus und leiteten daraus Autonomieforderungen ab. Auf eine kurze Phase politischen Engagements um 1848, das bei Rudolf Virchow in der Forderung nach einer »humanen, naturwissenschaftlichen Politik« und in dem berühmten Satz, die Politik sei weiter nichts als »Medicin im Gro-

189 Die Zitate nach: Eberhard Denninger, Das Bundesverfassungsgericht zwischen Recht und Politik, in: Hauke Brunkhorst / Peter Niesen (Hg.), Das Recht der Republik, Frankfurt/Main 1999, S. 297, 296 u. 293.

190 Ausführlich zum Folgenden: Weidner, Abneigung.

ßen«, gipfelte,[191] folgte in der zweiten Hälfte des 19. Jahrhunderts, wie bei den positivistischen Juristen, ein prononcierter Rückzug in die reine Wissenschaftlichkeit. Je näher die medizinischen Teildisziplinen zur Naturwissenschaft standen (Physiologie, Bakteriologie), desto stärker fiel die ostentative Vermeidung jedes verbalen Bezugs auf Politik aus. Das hinderte die als Experten auftretenden Mediziner aber nicht daran, bei Gelegenheit Führungsansprüche anzumelden. Robert Kochs massives Eingreifen in die Cholerabekämpfung in Hamburg 1892 ist dafür ein Beispiel.

Es gab andere Zweige der Medizin, die stärkere Berührungspunkte zu politisch brisanten Fragen aufwiesen: öffentliche Gesundheitspflege, Sozialhygiene, Eugenik und Rassenhygiene. Ihre Vertreter scheuten sich seit dem späten 19. Jahrhundert nicht mehr, die eigene Arbeit explizit als ›politisch‹ zu bezeichnen. Diese Mediziner nahmen aktiv an der seit 1900 um sich greifenden Forderung nach ›Politisierung‹ der verschiedensten Wissensgebiete teil. Sie propagierten neue Bereichs-Politiken, namentlich »Gesundheitspolitik«, »Bevölkerungspolitik« und »biologische Politik«.[192] Zugleich fuhren sie fort, wie andere deutsche Bildungsbürger auch, sich negativ über die Partei- und Parlamentspolitik zu äußern. Das ist ein Punkt, in dem sich die politiknahen Juristen des Kaiserreichs von anderen Wissenschaftlern unterschieden: Die üblichen Topoi der Politikerschelte finden sich bei ihnen seltener als etwa bei den Medizinern.

Für die Mediziner des späten 19. und frühen 20. Jahrhunderts war Politikerschelte hingegen Teil der eigenen Relevanzstrategie. Sie konnten so ihren Status als die im Grunde

191 Zit. nach ebd., S. 139 u. 141.
192 Vgl. mit Belegen ebd., S. 333 ff., 339 f., 354 ff. (»Biologische Politik« schon 1905 bei Wilhelm Schallmayer).

besseren, weil fachlich und sachlich qualifizierten Politiker untermauern – eine Position, die einige von ihnen, vor allem Eugeniker, Sozial- und Rassehygieniker, im und nach dem Ersten Weltkrieg und nochmals in der Phase der nationalsozialistischen Machtübernahme vehement vertraten. Darin liegt ein anderer Unterschied zu den Juristen: Selbst wenn diese einer Politisierung ihrer Disziplin das Wort redeten, gingen sie nie so weit, sich selbst als die besseren Politiker und die Politik als ›Jurisprudenz im Großen‹ zu begreifen. Die funktionale Trennung von Justiz und Politik stand für die Juristen, bei aller Umstrittenheit der Grenzziehung im Einzelnen, immer außer Frage.

Fassen wir zusammen, so ergibt sich, dass bei den Medizinern die Ausschläge zwischen radikaler Abkehr von der Politik und totaler Identifikation ihres Tuns mit Politik extremer waren als bei den Juristen. Die Wellen der Politisierungs- und Depolitisierungsbestrebungen liefen jedoch zeitlich weithin parallel.

Kunst/Politik. In einem seiner späten Werke bemerkte Friedrich Nietzsche, dass die »großen Zeiten der Kultur [...] politische Niedergangs-Zeiten« seien: »was groß ist im Sinn der Kultur, war unpolitisch, selbst antipolitisch.«[193] Vielleicht dachte Nietzsche, als er dies schrieb, an jenes letzte Jahrzehnt vor dem Untergang des Alten Reichs, in dem Norddeutschland im Schutz des Friedens von Basel (1795) eine Phase trügerischer Neutralität erlebte. Es war der Moment, als mit dem Freundschaftsbund zwischen Goethe und Schiller die Weimarer Klassik ihrem Höhepunkt zustrebte und gleichzeitig im benachbarten Jena die Gebrüder Schlegel die Grundsätze der frühromantischen Ästhetik entwar-

193 Friedrich Nietzsche, Götzen-Dämmerung (1888), zit. nach Sellin, Politik, S. 860.

fen. Unbeschadet ihrer in Spottgedichten und Rezensionen ausgetragenen literarischen Fehden waren sich die Weimarer Klassiker und die Jenaer Romantiker darin einig, dass die Kunst ein vom Politischen abgesondertes Reich bilde, in dem allein die Gesetze der Schönheit regierten. Die »schöne Kunst«, so proklamierte Friedrich Schlegel in seinem 1795 entstandenen Essay *Über das Studium der griechischen Poesie,* »hat ein unveräußerliches Recht auf gesetzliche Selbständigkeit (Autonomie).«[194] Und im gleichen Jahr erklärte Schiller in seinen Briefen *Über die ästhetische Erziehung des Menschen,* dass Kunst und Wissenschaft sich »einer absoluten *Immunität* von der Willkür der Menschen« erfreuten: »Der politische Gesetzgeber kann ihr Gebiet sperren, aber darin herrschen kann er nicht.«[195] Darin bestand die Kernthese der sogenannten Autonomieästhetik: Die Kunst gehorcht ihren eigenen Gesetzen, nicht denen der Politik oder anderer Mächte.

Aber sind wir berechtigt, eine solche Auffassung als unpolitisch zu deuten? Sehen wir genauer hin, so zeigt sich, dass Schiller und Schlegel das Verhältnis von Kunst und Politik unterschiedlich bestimmten. Für Schiller war es die Aufgabe der Kunst, durch »Veredlung des Charakters« eine Grundlage für die »Verbesserung im politischen« zu schaffen. Die Wendung von der verderbten gegenwärtigen Politik hin zur reinen Kunst sollte eine zukünftige, bessere Politik ermöglichen, »weil es«, so Schiller, »die Schönheit ist, durch welche man zur Freiheit wandert.«[196] Schlegel hingegen

194 Friedrich Schlegel, Über das Studium der griechischen Poesie (1795, zuerst gedr. 1797), in: Schriften zur Literatur, hg. v. Wolfdietrich Rasch, München 1970, S. 84-192, S. 167.

195 Schiller, Ästhetische Erziehung, S. 35.

196 Ebd., S. 34 f. (»im politischen« im Orig. klein) u. 13.

verzichtete auf eine politische Zweckbestimmung der Kunst. Er fasste das Verhältnis zwischen Kunst und Politik abstrakter. Die »politische Beurteilung« sei »der höchste aller Gesichtspunkte«, sie umfasse »das vollständige Ganze der menschlichen Bildung«. Die »ästhetische Beurteilung« dagegen isoliere »die Bildung des Geschmacks und der Kunst aus ihrem kosmischen Zusammenhange«.[197] Die Kunst sei insofern zwar untergeordnet, aber in ihrem Bereich autonom. Noch deutlicher wandte sich Schlegel in seinen unpublizierten Notizen gegen den Gebrauch der Kunst als Werkzeug: »Es giebt für die Kunst keinen gefährlichern Irrthum, als sie in Pol[itik] und Universalität zu suchen wie Schiller.«[198] Selbst wenn Schiller also der Vorstellung, die Kunst solle politisch wirken, näher stand als Schlegel, galt auch für ihn, dass sie nur den eigenen Maßstäben folgen dürfe und sich, zumal in der Gegenwart, aus der aktiven Politik heraushalten müsse. Weit konsequenter noch als Schiller wahrte schließlich Goethe, sobald es um die Kunst ging, eine habituelle Distanz zur Politik. Er gehörte, sehr zum Leidwesen selbst guter Freunde wie Wilhelm von Humboldt, »durchaus zu den gleichgültigen Naturen für alles Politische und Deutsche«.[199]

Schiller, Schlegel und Goethe gaben der deutschen Debatte um das Verhältnis von Kunst und Politik die Leitmotive vor. Wer sich in der Folge dazu äußerte, positionierte sich gern durch positive oder negative Bezüge auf die Klassiker und Romantiker. Für die politisch engagierten Schriftsteller des Vormärz verfielen »die Poeten aus der Wolfgang-

197 Schlegel, Studium, S. 167.

198 Friedrich Schlegel, Literarische Notizen 1797-1801, hg. v. Hans Eichner, Frankfurt/Main 1980, S. 41.

199 Humboldt, Aus Briefen, S. 577 (1.1.1814 an Karoline).

Goetheschen Kunstperiode« insgesamt der Kritik. Heinrich Heine hatte für ihre Haltung, mit der sie, wie er sich ausdrückte, »einen sentimentalen Indifferentismus gegen alle politischen Angelegenheiten des Vaterlandes allersüßlichst zu beschönigen« pflegten, nur Spott übrig.[200] Schiller allerdings wurde von diesem Verdikt meist ausgenommen. Dem Literaturkritiker Robert Prutz galt er als »der helle, leuchtende Aufgang einer Bahn«. Schiller weise einen »Weg, der uns im Leben der Nation von dem bloß ästhetischen zum politischen Bewußtsein führen will«.[201] Mit den Gedenkfeiern des Jahres 1859 verstärkte sich die nationalistische Engführung der Schiller-Deutungen, und im Schiller-Jahr 1905 musste der Dichter, ebenso wie drei Jahre später Fichte, für die Konstruktion der verschiedensten Feindbilder außen- wie innenpolitischer Art herhalten.[202] Wesentlich differenzierter fiel eine Interpretation aus, die Hugo Preuß dem »Sänger politischer Freiheitskämpfe« mitten im Weltkrieg angedeihen ließ. Die berühmten Zeilen in Schillers Gedichtentwurf über *Deutsche Größe* (»Abgesondert von dem Politischen hat der Deutsche sich einen eigenen Wert gegründet«) wertete Preuß als Verzweiflung »am politischen Schicksal seines Volkes«. Daher habe Schiller »die Freiheit persönlicher Entwicklung *außerhalb des Politischen* zu sichern« gesucht. So habe er, obwohl selbst politisch denkend, im deutschen Bürgertum die »Grundstimmung« bestärkt,

200 Heinrich Heine, Verschiedenartige Geschichtsauffassung (1833, Erstdruck 1869), zit. nach Hermand (Hg.), Das Junge Deutschland, S. 285.

201 Robert Prutz, Die politische Poesie der Deutschen (1845), zit. nach Hermand (Hg.), Das Junge Deutschland, S. 83.

202 Vgl. Barbara Beßlich, Wege in den ›Kulturkrieg‹. Zivilisationskritik in Deutschland 1890-1914, Darmstadt 2000, S. 85 f.

einem unpolitischen Volk anzugehören.[203] Preuß rief Schiller also nicht als Kronzeugen für die von ihm propagierte »Politisierung des Volkes« auf, ging aber auch nicht so weit, ihn und andere Klassiker zu verurteilen, weil sie angeblich unpolitisch gewesen seien.[204]

Zum prominentesten Gegner aller Politisierungen, und damit selbst stilbildend, wurde im Laufe des Weltkriegs Thomas Mann. Seine Invektiven richteten sich vor allem gegen die von ihm so genannten ›Zivilisationsliteraten‹, darunter seinen Bruder Heinrich. »Deutschland literarisieren, radikalisieren, politisieren, verwestlichen heißt: es entdeutschen«, so fasste er im November 1916 sein Credo zusammen. Knapp zwei Jahre später, die Niederlage vor Augen, beharrte er auf der »Trennung des geistigen und nationalen Lebens vom politischen«. Die Tendenz seiner unzeitgemäß zum Kriegsende erscheinenden *Betrachtungen* richte sich »gegen die Verquickung beider Gebiete, gegen die ›Politisierung‹ Deutschlands, im Sinne der absoluten, auch geistigen Herrschaft des siegreichen demokratisch-civilisationellen Prinzips«.[205] Thomas Manns bald darauf folgende staatsbürgerliche Wendung zum Vernunftrepublikaner und Gegner Hitlers ist hier nicht weiter zu verfolgen. Was sein ureigenes Feld, Kunst und Kultur, anging, blieb er, ähnlich wie Kelsen für die Jurisprudenz, bei einem scharfen Trennungsdenken. Zur aktivistischen Literatenpolitik, wie sie um 1918/19 in

203 Hugo Preuß, Das deutsche Volk und die Politik, Jena 1915, S. 87-90 (die Zitate S. 87 u. 89).

204 Ebd., S. 187.

205 Thomas Mann an Paul Amann, 25.11.1916; Tagebucheintrag 5.10.1918, zit. nach Peter Walther (Hg.), Endzeit Europa. Ein kollektives Tagebuch deutschsprachiger Schriftsteller, Künstler und Gelehrter im Ersten Weltkrieg, Göttingen 2008, S. 279 u. 326.

der Münchener Räterepublik um Kurt Eisner ihren Höhepunkt erlebte, ging er ebenso auf Distanz wie später zur Ästhetisierung der Gewaltherrschaft im ›Dritten Reich‹.[206]

Trennungspostulate, Instrumentalisierungen, Gleichsetzungen: das Spektrum der Positionen zum Verhältnis von Kunst und Politik war ähnlich breit wie bei Religion und Wissenschaft. Ebenso schroff, allerdings zeitlich in noch kürzeren Wellen aufeinander folgend, waren die Ausschläge zwischen Politisierungsforderungen und Depolitisierungsversuchen.

Wirtschaft/Politik. Der komplizierten Geschichte der Begriffe ›politische Ökonomie‹, ›ökonomische Policey‹, ›Ökonomie‹, ›Staatswirtschaft‹, ›Wirtschaft‹ usw. hier nachzugehen, würde viel zu weit führen. Entscheidend für unsere Argumentation sind zwei Punkte. Erstens: Die Herausbildung der mit den genannten Begriffen bezeichneten Fachdisziplinen wie auch der entsprechenden Praxis vollzog sich in Deutschland bis weit ins 19. Jahrhundert »unter dem Dach des Staates«.[207] Auch wenn die Ökonomen seit Adam Smith die Eigengesetzlichkeiten der wirtschaftlichen Sphäre betonten und aus dem freien Spiel der Kräfte in der bürgerlichen Gesellschaft erklärten, blieb ihr letzter Bezugspunkt zunächst die Steigerung der Wohlfahrt der Nationen, vorzugsweise der eigenen. Der Ökonomie war damit eine dienende Funktion zugesprochen, darin dem Recht vergleichbar. Weder in den Augen der Experten noch der produzierenden oder konsumierenden Laien war die Wirtschaft in

206 Vgl. Peter Reichel, Der schöne Schein des Dritten Reiches. Gewalt und Faszination des deutschen Faschismus, Hamburg 2006.

207 Johannes Burkhardt u.a., Art. Wirtschaft, in: Geschichtliche Grundbegriffe, Bd. 7, Stuttgart 1992, S. 569.

gleicher Weise Selbstzweck wie Kunst, Wissenschaft und Religion.

Zweitens: Unter den hier behandelten Gegenpolen zur Politik trat ›die Wirtschaft‹ erst relativ spät, dann aber umso kräftiger in einen Konkurrenzkampf um den Primat ein. Diese Auseinandersetzung begann um die Mitte des 19. Jahrhunderts mit Marx und zieht sich, unter neoliberalen Vorzeichen, bis in die jüngsten Finanzkrisen der Gegenwart. An Virulenz ist dieser Primatsstreit historisch und aktuell nur mit demjenigen zwischen Religion und Politik vergleichbar. Anders aber als im Fall der nach wie vor in Glaubensgemeinschaften zersplitterten und regional unterschiedlich lebendigen Religion erscheint der Geltungsanspruch der ökonomischen Gesetzmäßigkeiten heute wahrhaft universal. Die Argumentationslinien sind also nochmals andere als im Fall der Religion. Einige Schlaglichter müssen hier genügen, um diesen zweiten Aspekt des Verhältnisses von Wirtschaft und Politik, den Primatsstreit, beginnend mit seiner Zuspitzung um die Mitte des 19. Jahrhunderts kurz zu beleuchten.

Den radikalen Auftakt setzte Karl Marx mit der bekannten, im Vorwort zu seiner *Kritik der politischen Ökonomie* (1859) bündig formulierten Basis-Überbau-Lehre, nach der die »juristischen, politischen, religiösen, künstlerischen oder philosophischen, kurz ideologischen Formen« in erster Linie Reflexe der »ökonomischen Produktionsbedingungen« seien.[208] Als Beispiel für die durchschnittsliberale Gegenposition sei diejenige Carl Twestens, des Mitbegründers der Fortschrittspartei, angeführt. Ebenfalls im

208 Karl Marx, Zur Kritik der politischen Ökonomie (1859), zit. nach Hans Fenske (Hg.), Der Weg zur Reichsgründung 1850-1870, Darmstadt 1977, S. 166.

Jahr 1859 publizierte er einen Aufsatz über die Schriften Auguste Comtes, in dem er, ebenso wissenschaftsgläubig wie Marx, die »Wissenschaft der Nationalökonomie« für ihre Erkenntnis pries,

> »daß die ökonomischen Verhältnisse, die Gesetze des Besitzes und des Verkehrs, welche am allgemeinsten und unwiderstehlichsten das Leben der Menschen beherrschen, ebenso vollständig außerhalb der Sphäre des Staates liegen, nur ebenso indirekt durch die Politik berührt werden wie die Erscheinungen des geistigen Lebens in Wissenschaft, Literatur und Kunst.«

Die Politik müsse erkennen, dass sie bedingt sei »durch das Gesamtleben der Gesellschaft«. Sie gewinne »hervorragende Bedeutung für alle nur in besonderen Zeiten«, etwa in Revolutionen und Kriegen.[209] Das Gebot der Nichteinmischung der Politik in die Wirtschaft als Kern der liberalen Doktrin war damit bei Twesten klar ausgesprochen. Anders als Marx billigte er der Politik allerdings eine Zuständigkeit eigener Art zu, wollte sie jedoch auf Ausnahmesituationen begrenzt wissen.

Von seiner kulturkritischen Warte aus registrierte auch der junge Nietzsche die Verschiebungen im Kräfteverhältnis zwischen Politik und Wirtschaft. In einer seiner *Vorreden zu fünf ungeschriebenen Büchern* (1871/72) sah er »im Hintergrunde« der aktuellen nationalen und demokratischen Bewegungen die »*Kriegsfurcht*« jener »wahrhaft internationalen heimatlosen Geldeinsiedler« wirken, »die, bei ihrem natürlichen Mangel des staatlichen Instinktes, es gelernt haben, die Politik zum Mittel der Börse und Staat und Ge-

209 [Carl Twesten], Lehre und Schriften A. Comte's (1859), zit. nach Fenske (Hg.), Reichsgründung, S. 188 f.

sellschaft als Bereicherungsapparate ihrer selbst zu mißbrauchen.« Abgesehen von den antisemitischen Untertönen fällt auf, dass Nietzsche der kapitalistischen Ökonomie noch weniger Berechtigung zu herrschen zugestand als der von ihm wegen ihrer Schwäche verachteten gegenwärtigen Politik. Sein positives Gegenbild, »Urbild des Staates«, war der antike griechische Staat, kriegerisch veranlagt und kulturell hochstehend zugleich, in dem wirtschaftliche Belange eine völlig untergeordnete Rolle spielten.[210]

Mit den sozialistischen, liberalen und kulturkritischen Standpunkten, exemplarisch vertreten durch Marx, Twesten und Nietzsche, sind extreme Positionen benannt, zwischen denen sich die Auseinandersetzung um den Primat von Wirtschaft oder Politik seit dem letzten Drittel des 19. Jahrhunderts abspielte. Im politischen Alltag überwogen dabei im Kaiserreich bei weitem vermittelnde Stimmen, die der Politik, vornehmlich in Gestalt des Beamtenapparats, eine die ökonomischen Interessen austarierende Rolle zutrauten. Wirtschaftsführer kritisierten zwar politische Entscheidungen im Einzelnen, aber der Staat blieb die erste Adresse ihrer Forderungen. Ebenso klagten die Politiker, dass ihr Geschäft zunehmend durch ökonomische Interessengruppen erschwert werde, sahen sich aber doch in der Pflicht, auf deren Wünsche einzugehen.

Ungleich schriller wurden die Töne mit dem Umsturz im November 1918. Sie blieben es die gesamte Weimarer Republik hindurch. Walther Rathenaus prophetisches Wort »Die Wirtschaft ist das Schicksal«, ausgesprochen im September

210 Friedrich Nietzsche, Der griechische Staat (1871/72), zit. nach: Volker Gerhardt, Nietzsche und die Politik, in: Joseph Vogl (Hg.), Gesetz und Urteil. Beiträge zu einer Theorie des Politischen, Weimar 2003, S. 14.

1921 vor dem Reichsverband der Deutschen Industrie, gab eine Stimmung wieder, die von rechts bis links geteilt wurde, auch wenn die Schlussfolgerungen einander diametral widersprachen.[211] Während die einen kurz- oder mittelfristig zur Sozialisierung fortschreiten wollten und sich durch die Macht der Wirtschaftsverbände daran gehindert sahen, klagten die anderen über fortwährende politische Eingriffe und sehnten sich nach einer ›sachverständigen‹ Behandlung wirtschaftlicher Fragen. Rathenaus eigene, vor dem Hintergrund seiner Erfahrungen als Organisator der Kriegswirtschaft gehegte Hoffnung, das »Übel der politischen Parlamente« durch »Sach- und Fachparlamente« umgehen zu können, zeitweise realisiert im Reichswirtschaftsrat, erfüllte sich nicht.[212] Max Weber kommentierte dieses und ähnliche Experimente kurz und knapp: »Das Wirtschaftsleben wird politisiert, die Politik ökonomisiert.«[213] Aus seiner Sicht war damit für keine der Seiten etwas gewonnen.

Die Argumentationsmuster wiederholten sich in der Krisenphase der Republik. ›Sachlichkeit‹ war weiterhin das bevorzugte Attribut, mit dem die Wirtschaftsvertreter sich selbst schmückten und die Abwehr aller für schädlich gehaltenen ›Politisierungen‹ begründeten. Industrielle und mittelständische Verbandssprecher akzentuierten nun allerdings zunehmend auch eine Semantik des »Lebens«, der »Lebensnotwendigkeiten«, des »Lebensspielraums«, mittels derer sie die Wirtschaftsinteressen mit denen des deutschen

211 Walther Rathenau, Gesammelte Reden, Berlin 1924, S. 263.

212 Walther Rathenau, Der neue Staat, Berlin 1919, S. 65.

213 Max Weber, Wirtschaft und Gesellschaft (1922), 5. Aufl., hg. v. Johannes Winckelmann, Tübingen 1980, S. 176. Für wertvolle Hinweise zum Kontext der Zitate von Weber und Rathenau danke ich Stefan Scholl.

Volkes und Staates identifizierten.[214] Über diese Brücke wurde auch die antiliberale Programmatik der Nationalsozialisten in Wirtschaftskreisen diskutabel. Wiederherzustellen »den Primat der Politik, die berufen ist, den Lebenskampf der Nation zu organisieren«, das war Hitlers Programm, wie er es am ›Tag von Potsdam‹ verkündete.[215] Zwei Tage später, in seiner Rede für das Ermächtigungsgesetz, formulierte er das Gesetz seines wirtschaftspolitischen Handelns so: »Das Volk lebt nicht für die Wirtschaft, und die Wirtschaft existiert nicht für das Kapital, sondern das Kapital dient der Wirtschaft und die Wirtschaft dem Volk.«[216] Der juristische Helfer der Nationalsozialisten in der Machtergreifungsphase, Carl Schmitt, hatte schon ein Jahr vorher das Rathenau-Wort, die Wirtschaft sei das Schicksal, korrigiert: »Richtiger wäre zu sagen, daß nach wie vor die Politik das Schicksal bleibt und nur das eingetreten ist, daß die Wirtschaft ein Politikum und dadurch zum ›Schicksal‹ wurde.«[217]

Ein Politikum ist die Wirtschaft nach wie vor. Doch der Glaube, sie in einem nationalstaatlichen oder irgendeinem nicht-ökonomischen Sinne lenken zu können, ist im aus-

214 Carl Duisberg, Rede im Hauptausschuss des Reichsverbands der Deutschen Industrie, 23.5.1930, in: ders., Abhandlungen, Vorträge und Reden, Berlin 1933, S. 102-105; Abg. Hermann (Wirtschaftspartei) im Reichstag, 13.3.1931, in: Heinz-Gerhard Haupt (Hg.), Die radikale Mitte. Lebensweise und Politik von Handwerkern und Kleinhändlern in Deutschland seit 1848, München 1985, S. 225; Pfälzische Handwerks- und Gewerbezeitung, 1.10.1931, in: ebd., S. 164.

215 Adolf Hitler, 21.3.1933, zit. nach Marquardt, Polis, S. 265.

216 Adolf Hitler, 23.3.1933, in: Peter Wende (Hg.), Politische Reden III, 1914-1945, Frankfurt/Main 1994, S. 586.

217 Carl Schmitt, Der Begriff des Politischen (1932), 7. Aufl., Berlin 2002, S. 77.

gehenden 20. und beginnenden 21. Jahrhundert weltweit abhanden gekommen. Als Dienerin, Schiedsinstanz oder, bei Fehlentwicklungen, als Sündenbock scheint die nationale Politik für die globale Wirtschaft aber weiter unverzichtbar zu sein.

3. Politik als Schicksal? Die (un)politischen Deutschen im Zeitalter der Extreme

Vom ›Schicksal‹ zu reden, wirkt heute überholt, aber sicher ist, dass Politik in modernen Kommunikationszusammenhängen jedweder Art permanent angerufen wird. Als erste Adresse für Forderungen und Schuldsprüche dient sie nicht nur Finanzmaklern und Unternehmern. Fast allen Menschen fällt es schwer, sich eine allein von unkontrollierten Systemlogiken und ›Sachzwängen‹ regierte Welt auch nur vorzustellen, geschweige denn sie zu akzeptieren. Selbst wer es gelernt hat, die Dinge so anzusehen, gibt zu, dass Politik immer noch nötig ist, weil sie, so Helmut Schelsky, »Erklärungen, Rechtfertigungen, Medien der Motivmanipulation« liefert »für das, was unter sachlich notwendigen Gesichtspunkten sowieso geschieht«.[218]

Die meisten Menschen geben sich allerdings mit einer derart resignierten Sicht nicht zufrieden. Ihre Erwartungen an Politik sind höher. Sie möchten das Gefühl haben, dass irgendwer verantwortlich ist. Sie verlangen nach offenen Kommunikationsräumen, in denen über das Für und Wider einer Sache debattiert werden kann. Sie wollen legitimierten

218 Helmut Schelsky, Der Mensch in der wissenschaftlichen Zivilisation (1961), in: ders., Auf der Suche nach Wirklichkeit, München 1979, S. 473.

Instanzen vertrauen, die über Streitfragen verbindlich entscheiden, so dass am Ende Zurechenbarkeit hergestellt wird für das, was eben nicht »sowieso« geschieht.[219] Dort, wo die institutionalisierte Politik bei dieser ihr zugedachten Aufgabe zu versagen scheint, werden neue Formen politischen Handelns erprobt, ertönt der Ruf nach einer Neubestimmung ›des Politischen‹ im Gegensatz zu der als unzureichend empfundenen ›Politik‹. Das Ungenügen an der bestehenden Politik auszusprechen, ist der Sinn dieser semantischen Unterscheidung, und es ist kein Zufall, dass die Rede vom ›Politischen‹ seit den 1980er Jahren, etwa zeitgleich mit der einsetzenden Besorgnis über die ungesteuerten Effekte der ökonomischen Globalisierung und die undurchsichtigen Entscheidungsprozesse in europäischen und internationalen Organisationen, eine starke Konjunktur erlebt, besonders in französischen und deutschen Theoriediskussionen.[220]

Eine erhöhte Empfindlichkeit für das Auseinandertreten von großen Erwartungen an die Politik und allfälliger Enttäuschung bei fehlender Einlösung hat es freilich phasenweise schon immer gegeben, vor allem, so scheint es, bei den Deutschen in der ersten Hälfte des 20. Jahrhunderts. Während die Deutschen heute das vermeintliche Versagen ihrer Politiker zwar beunruhigt, aber im allgemeinen nicht aufgeregter als andere Völker zur Kenntnis nehmen, war das im Zeitalter der Extreme (Hobsbawm) deutlich anders.

219 Vgl. Armin Nassehi, Der Begriff des Politischen und die doppelte Normativität der »soziologischen« Moderne, in: ders./Markus Schroer (Hg.), Der Begriff des Politischen (Soziale Welt, Sonderband 14), Baden-Baden 2003, S. 133-169, S. 149 (Bereitstellung von »Zurechenbarkeit« als »*definiens* des Politischen«).

220 Vgl. neben Marchart, Differenz, auch: Thomas Bedorf/Kurt Röttgers (Hg.), Das Politische und die Politik, Frankfurt/Main 2010.

Die Semantiken, in denen diese gesteigerte Empfindlichkeit ihren Ausdruck fand, waren vielfältig. Sie reichten auf der einen Seite, der Erwartungsseite, von den sozialistischen Hoffnungen auf ›Erfüllung‹ im ›Zukunftsstaat‹ über die konservativ-revolutionäre Fetischisierung des ›Willens‹ und der ›heroischen Tat‹ bis hin zu den – nicht nur – nationalsozialistischen Rufen nach dem ›Heil‹, das der ersehnte ›Führer‹ endlich bringen sollte.[221] Auf der anderen Seite, der Enttäuschungsseite, standen verbreitete Bekundungen des Ekels, wortreiche Rechtfertigungen für die »Abkehr der Gebildeten von der Politik« oder – schon abgeklärter – die Klagen über »Unregierbarkeit« in den 1970er Jahren.[222] Der Topos vom ›unpolitischen‹ deutschen Bürgertum hat in den hier genannten Debatten seinen Ort. Entsprechende Behauptungen, man selbst oder die Deutschen generell seien ›unpolitisch‹, waren oft semantische Spielzüge in der Auseinandersetzung über politische Verantwortlichkeiten und Handlungsräume – die eigenen wie die der anderen. Als semantische Spielzüge in einer öffentlichen Diskussion, nicht als einfache Aussagen über eine Befindlichkeit, sollte man

221 Vgl. Lucian Hölscher, Weltgericht oder Revolution. Protestantische und sozialistische Zukunftsvorstellungen im deutschen Kaiserreich, Stuttgart 1989; Rüdiger Graf, Die Zukunft der Weimarer Republik. Krisen und Zukunftsaneignungen in Deutschland 1918-1933, München 2008; Klaus Schreiner, »Wann kommt der Retter Deutschlands?« Formen und Funktionen von politischem Messianismus in der Weimarer Republik, in: Saeculum 49 (1998), S. 107-160.

222 Vgl. Friedrich Lenger, »Die Abkehr der Gebildeten von der Politik«. Werner Sombart und der »Morgen«, in: Gangolf Hübinger/Wolfgang J. Mommsen, Intellektuelle im Deutschen Kaiserreich, Frankfurt/Main 1993, S. 62-77; Wilhelm Hennis (Hg.), Regierbarkeit. Studien zu ihrer Problematisierung, 2 Bde., Stuttgart 1977/79.

daher Äußerungen über ›die unpolitischen Deutschen‹ primär untersuchen.

Vom Kaiserreich bis in die ersten Jahrzehnte der Bundesrepublik wurden die Debatten über die politischen Seelenzustände ›der Deutschen‹ stets hoch emotional geführt. Doch gab es schon früh Beobachter, die aus distanzierter Position nach Gründen für die in Deutschland so extrem scheinende Spannung zwischen höchsten Erwartungen an die Politik und überzogener Politikverachtung suchten. Max Weber ist hier an vorderster Stelle zu nennen. In seiner Freiburger akademischen Antrittsrede (1895) beantwortete er die rhetorische Frage »ob das Bürgertum Deutschlands heute reif ist, die politisch leitende Klasse der Nation zu sein«, verneinend. Ein »eigenartig ›unhistorischer‹ und ›unpolitischer‹ Geist« sei über das Bürgertum gekommen, nachdem es den deutschen Staat nicht aus eigener Kraft erschaffen, sondern »an der Spitze jene Cäsarengestalt« (Bismarck) erlebt habe: eine »gewaltige Sonne«, welche »die langsam sich entwickelnde politische Urteilsfähigkeit des Bürgertums ausgebrannt« habe.[223] Autobiographische Zeugnisse bestätigen Webers Diagnose eines Zusammenhangs zwischen bürgerlicher Heroenverehrung und politischer Selbstbescheidung. Der Mediziner Alfred Grotjahn berichtete aus seinem Elternhaus, dass sein Vater, ebenfalls Mediziner, »begeisterter Bismarckverehrer« gewesen sei, »ohne außer dieser Begeisterung auch nur das geringste politische Interesse zu besitzen.«[224] Eine andere Art von Begeisterung hatte Max

223 Max Weber, Der Nationalstaat und die Volkswirtschaft (1895), in: ders., Gesammelte Politische Schriften, hg. v. Johannes Winckelmann, 5. Aufl., Tübingen 1985, S. 20 f.

224 Alfred Grotjahn, Erlebtes und Erstrebtes. Erinnerungen eines sozialistischen Arztes, Berlin 1932, S. 11.

Weber dann im Visier, als er im Revolutionswinter 1918/19 vor Münchener Studierenden seinen Vortrag über *Politik als Beruf* hielt. Denjenigen seiner Hörerinnen und Hörer, »die jetzt sich als echte ›Gesinnungspolitiker‹ fühlen und an dem Rausch teilnehmen, den diese Revolution bedeutet«, hielt er seine bewusst jeden Überschwang dämpfende Definition entgegen, nach der Politik »ein starkes langsames Bohren von harten Brettern mit Leidenschaft und Augenmaß zugleich« sein müsse.[225] Ein großes Verständnis für die Zwänge und Komplexität institutionalisierter Politik sprach aus dieser Definition, viel Anklang fand sie in der Weimarer Republik indessen nicht.

Ähnlich argumentierte Hellmuth Plessner in seiner 1924 erschienenen, damals wenig beachteten Kritik dessen, was er »sozialen Radikalismus« nannte. Er meinte damit vor allem den bei der Jugend triumphierenden Gemeinschaftsgedanken. Plessner sah darin eine »Weltanschauung der Ungeduldigen«, der »Verächter des Bedingten, Begrenzten, der kleinen Dinge und Schritte«. Es sei »Verlogenheit«, so schrieb er, ein idealisiertes Gemeinschaftsgefühl wie das der ersten Augusttage von 1914 »zum Dauerzustand zu machen«. Nicht weniger scharf wandte sich Plessner gegen die allzu Ernsthaften, darunter Max Weber, denen Politik etwas war, »was man mit weinender Seele tut, weil der Zwang des Körpers und die Logik des Geistes es kategorisch gebieten.« Auch eine solche, allein die Pflicht betonende Haltung war in seinen Augen mit verantwortlich dafür, »daß die Anständigen mit Politik nichts zu tun haben wollen«. Gegen *beide* Einstellungen plädierte er für eine diplomatische Form der Politik, die dem »Geist des Spiels«, der »Hygiene des Tak-

225 Max Weber, Politik als Beruf (1919), in: ders., Politische Schriften, S. 559 f.

tes«, dem »Prinzip der Gegenseitigkeit« und der »Kunst des Nichtzunahetretens« wieder zu ihrem Recht verhelfen sollte.[226] Dass Plessner mit diesen auf eine Zivilisierung der Verkehrsformen zielenden Empfehlungen in der Weimarer Tagespolitik kein Gehör fand, wundert nicht.

Hören wir eine dritte Stimme, um das Spektrum dessen, was in der Weimarer Republik zu den Formen individueller politischer Existenz sagbar war, weiter auszuleuchten. Karl Jaspers vermochte in seiner populären Schrift über *Die geistige Situation der Zeit* (1931) das politische Geschehen nur noch aus der Rolle eines resignierten Zuschauers zu kommentieren. Er bewies dabei ein feines Gespür für die Sprachspiele, mit denen die Politiker ihre Ohnmacht gegenüber einem nicht mehr steuerbaren Geschehen zu verschleiern suchten. Realpolitik heiße heute, so bemerkte Jaspers, »erst die Dinge sich entwickeln zu lassen, und dann das Tun zu beschränken auf die Sanktion der blind sich entwickelnden Wirklichkeit.« Wenn man nicht mehr weiter wisse, werde »die Wissenschaft als gültige Macht angerufen«, die sich »in Gestalt der Sachverständigen« gern zur Verfügung stelle. Weitere typische Beschwichtigungsformeln seien Appelle an »Einigkeit«, Aufrufe zu »nüchternem Denken« und gegen »Verärgerungspolitik« sowie die Aufforderung, man solle »die Sache dem Führer überlassen«. Für den Einzelnen sah Jaspers angesichts der »Ohnmacht vor dem Gang der Dinge« im Wesentlichen zwei, von ihm gleichermaßen verurteilte Auswege: zum einen die »*Apolitie*« dessen, der »nichts will als sich verwirklichen in seinem weltlosen Selbstsein«, zum

226 Hellmuth Plessner, Grenzen der Gemeinschaft, Eine Kritik des sozialen Radikalismus (1924), in: ders., Gesammelte Schriften, Bd. 5, Frankfurt/Main 1981, S. 7-131 (die Zitate S. 14, 46 f., 104, 94 f., 101, 106).

anderen das »lärmende Dabeisein«, nur »fähig, Unruhe zu entladen und zu erwecken, aber unfähig, einen Weg zu gehen«. Jaspers' eigene Vision einer Politik, die sich an den »kommenden Interessen des Menschseins« orientieren solle, war vorausschauend und mutig, doch angesichts der Selbstbezogenheit deutscher Politik in den frühen 1930er Jahren völlig unzeitgemäß. Mit Blick auf die extremen Nationalismen seiner Zeit, auch außerhalb Deutschlands, blieb ihm nur die Formulierung der »Paradoxie, daß nicht sich vollenden darf, wofür sich doch alle Kräfte einsetzen möchten.«[227]

Durch unsere drei Zeitzeugen Weber, Plessner und Jaspers sind wir auf eine Reihe von Motiven aufmerksam geworden, mit denen bürgerliche Deutsche zwischen Kaiserreich und Weimarer Republik ihren Gestus des ›Unpolitischen‹ vor sich selbst und anderen rechtfertigen konnten: Die kultische Verehrung übergroßer Führergestalten zog eine Verachtung kleinschrittiger Alltagspolitik nach sich, die Beschwörung berauschender Gemeinschaftserlebnisse ließ das diplomatische Aushandeln politischer Kompromisse als fade erscheinen, ein die Sachzwänge nur noch nachvollziehendes Krisenmanagement rief Ohnmachtsgefühle hervor.

Im Schatten des Nationalsozialismus kamen für viele Deutsche neue Motive, ›unpolitisch‹ sein zu wollen, hinzu. Insbesondere die Gegner Hitlers und die Verfolgten hatten nun naheliegendere Gründe, Politik oder genauer gesagt: das, was damals so genannt wurde, abscheulich zu finden. Einen nennt Fritz Stern, der sich als einer der ersten Historiker mit dem Phänomen des ›unpolitischen Deutschen‹ befasste, in seinen Erinnerungen: Als »›unpolitisch‹ im

227 Karl Jaspers, Die geistige Situation der Zeit (1931, 5. Aufl. 1932), Berlin 1965 (die Zitate S. 52, 71 ff., 81, 87 f., 109 f.).

deutschen Sinne« bezeichnet er darin einen seiner Familie bekannten, noch rechtzeitig nach Argentinien entkommenen Geschäftsmann, der »bedrückende Nachrichten bewußt nicht an sich heran« ließ.[228] Ob es sinnvoll ist, einen solchen Abwehrreflex als deutsches Spezifikum anzusehen, mag man bezweifeln. Verbreitet war es im nationalsozialistischen Deutschland allemal, die Augen zu verschließen, sowohl bei nicht-jüdischen Deutschen, die aus Angst vor dem Straßenterror oder aus Scham an den Verbrechen vorbeisahen, als auch bei jüdischen Deutschen, die sich, wie der später mit seiner Familie ermordete Historiker Willy Cohn im Februar 1933 in sein Tagebuch notierte, »in diesen Tagen nach der Philosophie ›Als ob‹« verhielten, »als ob eben diese ganzen politisch widrigen Verhältnisse einfach nicht vorhanden wären.«[229] Neben dem Rückzug ins Private als Überlebensstrategie finden sich in Cohns Tagebuch weitere häufige Motive: die Sorge, »sich mit irgendjemandem zu belasten, der eine politische Vergangenheit hat«, der Schutz des Familienfriedens, weil es bei politischen Fragen »immer zu Differenzen kommt«, schließlich als besonderes Motiv für die Verfolgten, insbesondere die Juden, das Ausgeschlossensein: die Tatsache, dass man »ja nicht mehr zum politischen Leben Deutschlands« gehören durfte. Willy Cohn zog daraus den Schluss, sich dem Zionismus zuzuwenden: »Der Zionismus ist diejenige Politik, die uns angemessen ist.«[230]

228 Fritz Stern, Fünf Deutschland und ein Leben. Erinnerungen, München 2006, S. 196; vgl. ders., The Political Consequences of the Unpolitical German (1960), in: ders., The Failure of Liberalism, New York 1972, S. 3-25.
229 Willy Cohn, Kein Recht, nirgends. Tagebuch vom Untergang des Breslauer Judentums, Köln 2006, S. 10 (15.2.1933).
230 Ebd., S. 260, 464, 131 u. 354.

Sein Tagebuch weist Cohn als einen politischen Menschen aus; den Schritt zum Zionismus interpretierte er schon durch die Wortwahl als einen politischen Akt. Viele andere Opfer des NS-Rassenwahns fuhren hingegen sogar unter der Verfolgung oder in der Emigration fort, ihre Lebensform als ›unpolitisch‹ zu begreifen. In den Konzentrationslagern wie in der Exilsituation führte die Trennung der ›Politischen‹ von den ›Unpolitischen‹ zu erheblichen Spannungen. Die Ärztin Käte Frankenthal, als Jüdin, Intellektuelle und Sozialistin schon früh emigriert, klagte in ihrem 1940 im Rahmen eines Preisausschreibens der Universität Harvard verfassten Lebensbericht über »die unpolitischen Juden«, mit denen sie es in dem Prager Emigrantenkomitee, für das sie im Jahr 1936 arbeitete, zu tun hatte. Ihre Erzählung verdeutlicht zugleich, was ›politisch‹ in jenen Jahren bedeutete: Es hieß vor allem, parteipolitisch aktiv zu sein oder gewesen zu sein. Nach diesem Kriterium richtete sich, so berichtet Frankenthal, welchem Emigrantenkomitee man als Jude zugeteilt wurde.[231] Diese damals übliche semantische Engführung des Attributs ›politisch‹ sollte uns einmal mehr skeptisch stimmen, eine damalige Selbst- oder Fremdbezeichnung von jemandem als ›unpolitisch‹ für bare Münze zu nehmen.

Als einen »unpolitischen Einzelnen« bezeichnete sich auch der Philosoph Karl Löwith, der im Jahr 1940 aus dem japanischen Exil ebenfalls für das Harvard-Preisausschreiben einen Lebensbericht verfasste. Gewiss lassen uns die Details, die er über seine politische Ahnungslosigkeit vor

231 Käte Frankenthal, Der dreifache Fluch: Jüdin, Intellektuelle, Sozialistin. Lebenserinnerungen einer Ärztin in Deutschland und im Exil, hg. v. Kathleen M. Pearle u. Stephan Leibfried, Frankfurt/Main 1981, S. 230 f. u. 236 f.

1933 erzählt, so die Tatsache, dass er bei der letzten Reichstagswahl vor dem Ermächtigungsgesetz wegen einer Skitour nicht bereit war, »auch nur eine Stunde der Politik zu opfern«, nur den Kopf schütteln. Aber die Distanz, mit der er darüber berichtet, ebenso wie seine treffsicheren Beobachtungen zu den politischen Windungen und Wendungen seiner deutschen Freunde und Bekannten während der Machtergreifungsphase zeigen, dass er nach heutigem Verständnis des Worts jedenfalls im Jahr 1940 durchaus ein politischer Kopf war. Und so schrieb er denn auch, dass er »heute« (1940) nicht zögern würde, »im Notfall auch militärische oder politische Dienste auf Seiten von Deutschlands Feinden zu leisten«.[232] Die Kontrastierung ›unpolitisch‹/›politisch‹ diente Löwith also erzählstrategisch klar ersichtlich zur Beschreibung des eigenen Läuterungsprozesses, und man mag darüber spekulieren, wie sehr die Erzählstrategie durch Löwiths Bestreben, aus Japan in die USA zu gelangen, noch eine lebensgeschichtliche Motivation erhielt.

Nur eine der Beobachtungen Löwiths zu seinen deutschen Bekannten sei hier mitgeteilt, weil sie Licht auf ein bisher noch nicht erwähntes Motiv wirft, das insbesondere Wissenschaftler, Techniker und andere Experten in eine merkwürdige Aufspaltung ihres Selbstbilds zwischen ›unpolitischem‹ Habitus und Begeisterung für den Nationalsozialismus trieb. Löwiths Begleiter auf der besagten Skitour, der »Physiker T.«, mokierte sich am 5. März 1933 ebenso wie er »über die wenigen Bürger, die zur Wahl fuhren.« Kurz darauf war T. dann schon »im Dienste der Partei« tätig. Was ihn am Nationalsozialismus anzog, war – so Löwith – »dasselbe, was ihn auch für die russische Umwälzung ein-

232 Karl Löwith, Mein Leben in Deutschland vor und nach 1933. Ein Bericht, Frankfurt/Main 1989, S. XVI, 73, 13.

nahm: die radikale Rationalisierung des Lebens durch die politische Anwendung aller technischen Möglichkeiten, an denen er als Physiker interessiert war.«[233]

Bis in die Spitzen des Regimes war die Illusion, die NS-Politik nur für fachliche und sachliche Zwecke nutzen zu können, ohne für ihre Verbrechen mitverantwortlich zu sein, verbreitet. Der wohl bekannteste Exponent dieser Selbsttäuschung war Hitlers Architekt und Rüstungsminister Albert Speer. In der Bundesrepublik arbeitete er mit seinen *Erinnerungen* und durch die Publikation der während seiner zwanzigjährigen Haft entstandenen *Spandauer Tagebücher* bis in die 1970er Jahre an der Legende, dass sein Verhältnis zu Hitler »weit eher das des Architekten zum bewunderten Bauherrn als das des Gefolgsmannes zum politischen Führer« gewesen sei.[234] Die gelegentlich in beide Texte eingestreuten Distanzierungen zu seinem damaligen, vermeintlich ›unpolitischen‹ Ego, sind nicht in gleicher Weise wie bei Löwith als Beschreibungen eines Läuterungsprozesses lesbar. Sie sind zumindest inkonsequent und halbherzig, so wenn er die Peenemünder Raketenbauer um Wernher von Braun als einen »Kreis unpolitischer junger Wissenschaftler und Erfinder« beschreibt, in dem er sich gern aufgehalten habe.[235] Zum größeren Teil aber dürften sie bloß vorgetäuscht sein, wie eine redaktionelle Nebenbemerkung in den Tagebüchern verrät: »Will ich Zeuge jener Jahre sein«, so schreibt Speer dort mit Blick auf ein gerade beendetes Kapitel seiner (später überarbeiteten) Erinnerungen,

233 Ebd., S. 73.
234 Albert Speer, Spandauer Tagebücher, Frankfurt/Main 1975, S. 82.
235 Ders., Erinnerungen, Frankfurt/Main 1969, S. 375.

»darf ich mich nicht in jener Architekten-Welt verlieren und Hitler als einen großen Bauherrn zeichnen, der gleichsam nebenbei auch noch Politiker gewesen ist. Wahrscheinlich muß ich mir vorher einen Plan machen, der den Stoff organisiert; vorher sollte festgelegt sein, worauf die Gewichte zu legen sind und welchen Platz ich den einzelnen Ereignissen und Aspekten einräumen will.«[236]

Bei dieser Organisation des Stoffes für die *Erinnerungen* half Speer dann übrigens ein Historiker, Joachim Fest. Dessen eigener Lebensbericht über die »ganz und gar politisierte Welt«, in der er als Jugendlicher im Nationalsozialismus aufwuchs, und dessen Glaube, dass es diese Erfahrung gewesen sei, die ihn »das politische Mißtrauen« als Lebenshaltung gelehrt habe, können durchaus als repräsentativ für die von Helmut Schelsky als »skeptische Generation« apostrophierte Gründergeneration der Bundesrepublik gelten.[237] Als ›unpolitisch‹ beschrieben sich die Angehörigen dieser Generation, wie auch der nachfolgenden Generationen der Bundesrepublik überwiegend nicht mehr. Der Topos des ›unpolitischen Deutschen‹ hatte nach 1945 so offensichtlich als Schuldabwehr für die Älteren gedient, dass ihn die Jüngeren als Selbstbeschreibung nicht mehr gern in den Mund nahmen. Gegen unpolitisches Verhalten schützt diese Verschiebung in der Semantik freilich nicht.

236 Ders., Tagebücher, S. 150.

237 Joachim Fest, Ich nicht. Erinnerungen an meine Kindheit und Jugend, Reinbek 2006, S. 102 u. 360; Helmut Schelsky, Die skeptische Generation, Düsseldorf 1957.

V. Schluss

Das auf die griechischen Wörter *polis* und *politikos* zurückgehende Wortfeld um ›Politik‹ entwickelte sich in Europa von einem randständigen, fremd klingenden, noch bedeutungsunscharfen Vokabular in den gelehrten Texten des Hochmittelalters zu einer unverzichtbaren und ständig umstrittenen Begrifflichkeit. Schon im späten 13. Jahrhundert setzte der Streit um Bedeutungen ein und im Laufe der folgenden Jahrhunderte nahm seine Intensität wie auch die Gebrauchsfrequenz des Politikvokabulars deutlich zu. Seit dem 18. Jahrhundert drang es aus der Theorie- und Elitensprache zunehmend in die Alltagswelt ein und entsprechend standen im letzten Teil des Essays zur Moderne auch ganz private Zeugnisse – neben den großen Theoretikern und den Quellen aus der Regierungspraxis – im Blickpunkt.

Mehrere Spannungsverhältnisse durchziehen als Dauerprobleme die hier beleuchtete, rund achthundertjährige Geschichte der Politikbegrifflichkeit in West- und Mitteleuropa. Vereinfachend lassen sie sich auf drei Dichotomien reduzieren.

Teilhabe/Sicherheit. ›Politisch‹ konnte im Mittelalter und in der Frühen Neuzeit ein Regiment genannt werden, das lediglich Rechtsschutz, Frieden und Ordnung für die Beherrschten garantierte. Als Gegenpol dazu blieb in der alteuropäischen Geschichte ein anspruchsvollerer, an die Antike erinnernder Begriff einer ›politischen‹ Lebensform abrufbar, der das aktive, mitwirkende Handeln potentiell aller Mitglieder eines Gemeinwesens umfasste. Wirkmächtig wurde dieser Bedeutungsstrang durch die Verbindung von Naturrechtstradition und Antikerezeption seit dem 18. Jahrhundert, und in der Moderne bestimmte er als Forderung, mit der man sich befürwortend oder ablehnend auseinandersetzte, sämtliche Diskussionen über die politische Ordnung.

Macht/Moral. Die enge Einbindung der Politik in eine allgemein gültige, religiös oder anders legitimierte Moral stand seit Aristoteles außer Frage und blieb als Postulat bis heute präsent. Schon im 13. Jahrhundert wurde jedoch auch reflektiert, dass die moralische Fundierung der Politik in der Herrschaftspraxis oft an Grenzen stieß. Um die von Gewalt geprägten Gesellschaften zu befrieden, waren Notstandsmaßnahmen erforderlich, die selbst nicht ohne gewaltsame Methoden auskamen. In seiner Schrift *Il Principe* griff Machiavelli auf dieses Wissen zurück und spitzte den Politikbegriff auf eine von der Moral abgelöste Kunst der Machterhaltung zu. Diese Doppelseitigkeit des Politikbegriffs gab seitdem immer wieder Anlass für Streitigkeiten um die angemessene Form politischen Handelns.

Teil/Ganzes. Dass Politik es mit dem großen Ganzen zu tun habe, ist seit der Antike unbestritten. Ein Problem entstand jedoch in dem Maße, wie sich die Politik an der Schwelle zur Moderne als ein eigenständiges Funktionssystem herausbildete, neben dem und gegen das andere Funktionssysteme wie Kunst, Wissenschaft oder Wirtschaft ihrerseits auf Autonomie zu bestehen begannen. Seitdem soll die Politik – obwohl selbst nur ein Teilsystem – dennoch und in immer steigendem Umfang für die Steuerung des Ganzen zuständig sein. Da sie aber in der Praxis immer wieder an den Schranken der anderen Systeme aufläuft, perpetuiert sich ihr Dilemma, für alles zuständig sein zu sollen, ohne die Kapazität und Legitimität dafür zu besitzen. Betrachten wir das gleiche Dilemma von der anderen Seite, aus der Perspektive der Einzelnen, so zeigt sich bei ihnen ein beständiges Schwanken zwischen der Anrufung der Politik als vermeintlich allkompetenter Instanz zur Lösung sämtlicher Weltprobleme einerseits, einer periodisch aufwallenden, aus Wut oder Enttäuschung herrührenden Politik- und Politikerverachtung andererseits.

Ein Leben außerhalb der Politik scheint in unserer modernen Welt kaum mehr möglich. Alles kann politisiert werden, jeder wird in die Politik hineingezogen. Sogar die Erklärung, ›unpolitisch‹ sein zu wollen, wird als politischer Akt ausgelegt und ist zweifellos als solcher zu werten. Gibt es ein Leben jenseits des Politischen? In der heutigen Weltgesellschaft mag es für Individuen – als Künstler, Unternehmer, Konsumenten, Wissenschaftler, Sektengründer, Internetpiraten oder Terroristen – möglich sein, sich selbst und ihre Ziele ohne Rücksicht auf die Politik eines Nationalstaats oder anderer territorial begrenzter politischer Verbände zu verwirklichen. Dass aber die Wünschbarkeit oder Zulässigkeit dieser individuellen Selbstverwirklichungen – samt ihrer Kosten und Folgen für andere – Gegenstand des politischen Streits werden, ob auf lokaler, nationaler oder globaler Ebene, können die Individuen nicht verhindern. Und dies scheint, wiederum auf das große Ganze gesehen, auch richtig so: Ermöglichung von Widerstreit und friedlichem Dissens, Offenhalten von Handlungsspielräumen sind in der heutigen Theoriediskussion, anders als im Ancien Régime, nicht zufällig die Schlüsselvokabeln zur Definition dessen, was das Politische im Kern sein sollte.

Gedruckt mit Hilfe des Sonderforschungsbereichs 584 »Das Politische als Kommunikationsraum in der Geschichte« unter Verwendung der ihm von der Deutschen Forschungsgemeinschaft zur Verfügung gestellten Mittel.

Bibliografische Information der Deutschen Nationalbibliothek

Die Deutsche Nationalbibliothek verzeichnet diese Publikation
in der Deutschen Nationalbibliografie;
detaillierte bibliografische Daten sind im Internet über
http://dnb.d-nb.de abrufbar.

www.wallstein-verlag.de
Vom Verlag gesetzt aus der Aldus und der Frutiger
Umschlag: Susanne Gerhards, Düsseldorf
Druck und Verarbeitung: Friedrich Pustet, Regensburg
Gedruckt auf alterungsbeständigem Papier

ISBN: 978-3-8353-1152-7